村山桂子
murayama keiko

女将は「心の華」でありたい

文芸社

はじめに

湯沢グランドホテルの女将としてデビューしてはや十年が過ぎて、結婚生活も三十三年目に入りました。

ふつうのサラリーマン家庭からホテルの女将という、まったく異なる世界に飛び込んだ私が、なんとかここまでやってこられましたことを、非常にうれしく思っております。

「湯沢グランドホテルの女将は、なんの苦労もなくていいなあ」

よくそう言われるのですが、とんでもない！　一口では言い表せないほど、苦労の連続、苦悩の日々でした。

これまでも、本を書いてみたら、と何度もすすめられました。でも、迷うばかりで、なかなか踏ん切りがつきませんでした。今回は、くも膜下出血から生還して無事に三年が過ぎて気持ちの区切りもつき、何か形として残しておきたいという思いが強くなって、このたび出版の運びとなりました。

文章に表すことは想像以上に難しく、思うように表現できませんでしたが、私の本心を率直に書きとめました。方言が入ったり、マンガチックになったり、感傷的になったり、お笑い系になったり、めまぐるしい結婚生活三十二年の総集編です。どうぞごゆっくりお読みくださいませ。

ハンカチとティッシュをそばにおいて読んでくださいませね。

では、始まり、始まり……。

女将は「心の華」でありたい／もくじ

第一章　リボンちゃんの疑惑

昭和 26 年 4 月、 4 歳。保育園に行くところ。
ちょっぴり緊張しています。

●愛されていない私

「ああ、どうしよう……」

なんとかベタベタを取ろうとハサミで切ってみたものの、ハゲチャビンの変な頭になっただけでした。髪はあちこちでからまり、涙でくしゃくしゃになった自分の顔が鏡に映っています。

この事態を母になんと説明すればいいだろう。子どもなりに懸命に考えましたけれど、うまい言いわけなど思いつくはずもなく、私はあっさりギブアップしました。

だいたい、おとなしく留守番をしていたら突然、天井から飴が降ってきて髪に張りついた、なんて話を誰が信じるでしょう。結局、白状せざるを得ませんでした。

「ごめんなさい。お母さんとの約束を破って紙芝居を見に行ったの。そしたら、洋平君が、なめていた練り飴をうっかり私の頭に落として、こんなことに……。もう二度と家を抜け出したりしませんから」

そう。留守番するようにきつく言われていたのに、その約束を破って紙芝居を見に行ってしまったのです。

子どものころは紙芝居屋さんがよく来ていました。以前から見たくてたまらなかった私は、ついにその日、誘惑に負けたのです。

紙芝居屋さんの前には近所の子どもたちがいっぱい集まっていました。みんな、飴を練ったり、おせんべいを食べたりしながら見ています。羨ましかったですね。母に、「おやつちょうだい」なんて一度も言えませんでしたから。それでも、初めての紙芝居に興奮して、私は夢中で見入っていました。

そして、いよいよ話が山場にさしかかったとき、頭上に何かがポタリと落ちてきたのです。なんと、それは大きな飴のかたまりでした。洋平君は慌《あわ》てて「ごめんね、ごめんね」と謝りながら取ろうとするのです。でも、いじればいじるほどベタベタは広がり、どうしようもありません。私は泣きながら家に帰って、母に見つからないように、なんとか事態を収拾しようとがんばったのですが、隠しおおせなかったというわけです。もちろん母にさんざん叱られて、紙芝居なんか金輪際《こんりんざい》見たくないと思ったものでした。

この練り飴事件のときのように、小学生のころは、一人で留守番をさせられることがよくありました。一歳上の姉が脊椎《せきつい》カリエスという大病を患っていたため、母が姉を連れて病院通いをしていたからです。七歳違いの兄も部活などで忙しくて、家にいることはほとんどなかったのです。

母は、私が外に出るのを好みませんでした。出かけるときは必ず、

「ちゃんと家で留守番しているのよ。外に出ちゃダメよ」

と言い残していくのです。今は、テレビやゲームがありますが、当時はラジオぐらいしかなく、一人で家にいても楽しみなど何もありません。私は寂しがり屋でしたから、ぽつんと家に取り残されるのはつらいことでした。どうして母がいつも神経質に留守番を言いつけるのか、幼い私にはよくわかりませんでした。母は家にいるときも、私をできるだけ外に出さないようにしていました。

保育園のころには、こんなこともありましたっけ。お弁当を食べようと蓋《ふた》を開けたら、中は真っ白。ご飯しか入っていなかったのです。

「おかずがない……」

明るく活発だった私も、さすがにこのときは泣きましたね。いったいなんで？　ただ単に忘れただけ？　それとも……。

先生からおかずを分けてもらって、やっと食べた記憶があります。家に帰っても、「おかずがなかったよ」

とは母に言えませんでした。乾いた梅干しの種が弁当箱に残っていたので、母は、私が誰かにおかずをもらったことを察したようです。

「誰にもらったの？　誰？」

しつこく聞かれましたが、私は弁当箱を持ってじっとうつむいたまま、口を開きませんでした。なぜか言っちゃいけないような気がしたのです。思えばこのころから、「ひょっとしたら、私はもらい子かもしれない」と感じていたのかもしれません。

こんなこともありました。私はお遊戯が大好きで、感受性が豊かな方だったのです。誰とでもすぐにお友だちになって、世話を焼くタイプでした。でも、一回だけお友だちを泣かせてしまったことがあります。原因はリボンでした。ある日、同じクラスの祐理ちゃんが、かわいいリボンをいっぱい頭につけてきたのです。それがほしくてたまらず、

「そのリボン、一つちょうだい」

と頼みました。でも、彼女はイヤがってくれなかった。諦《あきら》めきれない私は、一計を案じてこう言いました。

「じゃあ、一つ貸して。それならいいでしょ」

頭にリボンをとめてもらったときのうれしかったこと。ルンルン気分で、私はそのまま家までつけて帰っちゃったのです。

「そのリボンどうしたの?」

と母に詰問されて、思わずウソをついてしまいました。

「祐理ちゃんからもらったの」

「すぐに返してらっしゃい!」

ウソと直感したのでしょう。母は怒りましたね。そこへ、電話がかかってきたのです。

「うちの娘が、桂子ちゃんが持って帰っちゃったと言って泣いています。リボンを返してください」

母に連れられて、泣きながら返しに行ったのは忘れられない思い出です。

「もう絶対にウソはつきません」

私は子どもなりに深く反省して、手をついて謝りました。

すると、どうでしょう。翌朝、母は私の顔が隠れるくらい大きな、かわいいリボンをつけてくれたのです。よほどうれしかったのでしょうね。私は喜び勇んで登園しました。今にして思えば、ケーキやプレゼントの飾りつけのリボンでしたが、その日は一日中得意満面で過ごしたことを、今でもよく覚えています。そんなこんなで私はリボン大好き人間になってしまい、「リボンちゃん」というニックネームまでもらいました。

このときだけは母に感謝しましたが、小学校入学後も母の仕打ちに傷つけられることがよくありました。風邪をひいて咳が続くと、

「うるさいね、この子は！」

母はいらついて、私の手足をつねるのです。（お母さんやめて。痛いよ）と心の中で叫びながら、私はじっと眠ったふり。このころは体力がなかったせいか、しょっちゅう風邪をひいては扁桃腺《へんとうせん》をはらして高熱を出し、中耳炎にかかりました。おまけに、虫に刺されれば化膿《かのう》し、外で遊べば転んで血だらけ……。こんな調子でお医者さんの世話になることが多かったので、母にしてみればうっとうしかったのでしょう。でも、私にしてみれば、具合が悪いときに介抱してくれるどころか、つねられたり、怒られたりでは立つ瀬がありません。私は母に愛されていない……。この思いにずっとさいなまれていました。

救いは父でした。私の身の回りの世話は、ほとんど父がやってくれたのです。毎朝髪をとかして、かわいらしく編んでリボンをつけてくれるのも、学用品をそろえてくれるのも、

勉強を教えてくれるのも、みんな父でした。初潮を迎えたときもなぜか母には言えず、父にそっと打ち明けたくらいです。私は父が大好きで、いつも膝の上に乗って甘えていました。

学校から帰ると決まって、

「お父さんは？」

「今日は帰ってくる？」

あまりにしつこく聞くので、母はこらえきれなかったのでしょう。ある日、

「お父さん、お父さんて。なんでお前はお父さんのことばかり聞くの」

母はきつい口調で言い返してきました。出張で不在がちの父がいつ帰宅するのか、私にはいちばんの関心事だったのですが、この日を境に、母の前で「お父さん」のことを口にするのはやめました。


子どもながらに、〝母〟に気に入られなければイヤな思いをするんだね‼　と思い私は、常に母に気兼ねをしていました。自分にできるお手伝いはすすんでやりましたし、物をねだったこともありません。おやつだって「ちょうだい」と言えなかったくらいですもの。

「お母さん、おやつちょうだい」とねだる姉のあとから、「桂子も」と小声で訴えるのがや

っとでした。

母に愛されたい一心で、勉強もがんばりました。その甲斐あって体育と国語はいつも「5」でしたが、算数だけはどんなに一生懸命に勉強しても「3」。兄と姉は、私よりもずっと成績のよい優等生でした。

私が九歳のときでした。その日、祖父がうちで祝言を挙げるというので、私は外で遊んでいました。すると、近所のおばさんが何を思ったのか私を呼び止めて、突然こう言ったのです。

「桂子ちゃんには、二人のお父さんがいるんだよ」

どういう意味？　頭の中が真っ白になり、私は家に飛んで帰って両親に問いただしました。

「おばちゃんに、桂子にはお父さんが二人いるって言われたんだけど、本当？」

「バカ言うんじゃない」

父は即座に否定しました。父が心からかわいがってくれていることはわかっていましたから、おばさんの言うことなんか絶対ウソだと思いました。とはいえ、父の見えないところで意地悪する母の態度や、自分の顔が両親兄弟とも似ていないことなど、日ごろから不審に感じていたこともあったので、もしかしてという疑いを払拭できないのでした。

(私は両親の子ではないのだろうか？)

それ以来、この言葉が頭を離れなくなりました。そんなはずはない。父はあんなに愛してくれている。でも母は……。暗いトンネルの中を一人でさまよっているような心細い気持ちでした。はっきりとはわからないけど、『何かある』。とにかく、もっともっといい子になろうと、私は心に決めたのです。

台風が吹き荒れる日、夕食の準備をしていた母が、

「あら、お醤油がないわ」

とつぶやいたとき、間髪を入れずに言ったものです。

「桂子が買ってくるよ」

暴風雨で傘は折れてしまい、前方も見えない雨の中を、ピチピチランランの鼻歌を口にしながら、小さな体が吹き飛ばされそうになりながらのお使いでした。全身ずぶぬれになりましたが、母に喜んでもらえるのなら、なんだってやろうと思っていましたね。父母会などで母の帰りが遅くなるとわかっているときは、時間を見計らってご飯を炊いて待っていました。「ありがとう」と微笑んでほしい、私を認めてほしい、それだけが私の願いでした。

●甘酸っぱい青春の思い出

中学時代は部活にのめり込んで、器械体操に明け暮れる毎日でした。下手の横好きでしたがそれなりの成績を残し、私は校内ではちょっとした有名人でした。そのころからですね、たくさんの男子生徒に交際を申し込まれるようになったのは。「アイ・ラブ・ユー」と、でかでかと書かれたハガキをもらったり、素敵な封書の恋文もありました。しかし、困ったのは、私より先に親が開けてしまうことでした。

「勉強もしないでこんなことにうつつを抜かして」

さんざんお目玉をくらいましたが、父の指導のおかげで成績は順調に伸びていたし、私はラブレターをもらって喜んでいただけで、特定の男子に興味を持つようなことはありませんでした。すべて一方通行だったのです。

いちばん困ったのは、その手紙が担任の手に渡ることでした。両親ともにしつけには厳しく、「こんなことされたら、勉強のさまたげになるから困ります」と、ラブレターもプレゼントもすべて学校に持っていってしまうのです。先生にもバレバレ、相手にも申し訳なくて……。なんで自分が書いた手紙を先生が持っているんだ、と相手もびっくりしたでしょう。

高校生になると私も知恵を絞り、

「ごめんなさい。うちの両親は厳しいからダメなの。今度からこっちの住所に出して」と、友だちを経由して届けてもらうようにしました。このころは、昼のお弁当もゆっくり食べていられないくらい、「写真を撮らせてください」「お話がしたい……」と声をかけられました。カバンは、ラブレターとプレゼントでパンパン。人目を避けてデートしたり、学校の近くの川でボート遊びをしたり、まさに青春でしたね。先輩や先生方にもかわいがっていただき、楽しい高校生活でした。

つい先日のことですが、高校時代に目をかけてくださっていた先生が突然、当ホテルに見えられて、四十年前の昔話に花が咲きました。最後に先生は、しみじみした口調でこうおっしゃったのです。

「今は桂子みたいに明るくて素直な生徒はいないよ。桂子は本当にいい子だったよな〜」とってもうれしい言葉でした。母にできなかった分、他人に甘えたい気持ちが強かったので、甘え上手だったのかもしれませんね。みんなに好かれたいと、いつもニコニコしていたことを思い出します。

私は、自分の顔があまり好きではありませんでした。色白で目が大きく、長いまつげがくるんとカールしている、そんなかわいい女の子が理想だったのに、私ときたら上がり目のキツネ顔。愛らしいえくぼもないのですから。父を責めたこともあります。

「なんで私をかわいい顔に産んでくれなかったの？」

父はうまくこうかわしました。

「何言ってるんだね。桂子みたいな顔が美人なんだよ。切れ長の目にうりざね顔で」

うりざね顔って？　とピンとこない私でしたが、父を困らせたくはないので、顔についてはそれ以上は追及しませんでした。

父は体育の教師をしていたので、教育にはとても熱心でした。勉強が難しくなる中学生くらいから、とくに力を入れて教えてくれました。几帳面で、数学の計算式の「＝（イコール）」が曲がっただけでも、ビシッと手が飛んできます。

「ダメ、まっすぐ」

何度説明されても理解できずに、涙でノートがガバガバになることもありましたが、私の興味を引き出すように上手に教えてくれました。いちばん効果があったのは、飴玉やおせんべいなどを例にとることでした。

「ほら、桂子。ここに飴が八個あるだろ、こっちにはせんべいが七枚。そして……」

という具合です。お菓子が出てくると、それにつられて私はすぐ覚えるのでした。おかげで苦手な数学も中学・高校時代はどんどん成績が伸びて好きになり、放課後もクラスメートと競って勉強したものです。

「桂子は記憶力がバツグンだし、ちょっとやる気を出せば一番になれるよ」

おだてるのも、うまかったですね。そう言われるとすぐ調子に乗る単純な私でした。

父は体育教師ですからスポーツが得意なのは当然ですが、努力家で美術や音楽、書道にも長《た》けていました。オールマイティーだったのですね。ですから、芸術科目も父が教えてくれました。たとえば、習字の宿題が出ると、どこに気をつけなくてはいけないか注意を与えながら、何度も新聞紙に練習させます。いよいよ清書となったら私の背後に立ち、

「そうだ、そこをまっすぐ、勢いをつけてぐっと止める」

などと声をかけるのです。私はその言葉に従って、力を込めてぐっと止めました。

「よし、いいぞ。うまいぞ、桂子」

やったーと思った瞬間、墨がポタッ……。

「気を落とすな。今の調子でもう一度」

ようやくOKが出て、乾かそうと机の上に置いておいたら黒々と猫の足跡が！なんてこともありました。とにかく、父は何事にも全力投球、決して手を抜かない人でした。そんな父との二人三脚が、私にとっては最高の喜びだったのです。

通知表をもらってきた日は正座をして、父のアドバイスに耳を傾けます。成績が悪くても、結果に対して叱ったりはしません。

「この次はもう少し、ここをがんばろうな。桂子ならできるよ」

と、常に励ましてくれました。父は「アメとムチ」の使い分けが上手でしたね。その後、楽しい食事会に移り、各自にプレゼントが手渡されます。リサイクルの腕時計とか、縫い直したカバンとか、編み直したセーターとか、どれもこれも新品ではないんです。でも、うれしかった。通知表にがっかりさせられても、それですぐに立ち直ったものでした。

こうして、私は高校時代もデートに、勉強に、器械体操に、忙しくも充実した日々を送ったのです。母の意地悪も中学に行くころにはすっかりおさまっていました。とはいえ、何か透明の壁があるようで、父といるときのように安心して甘えるというわけにはいきませんでした。

●明かされた出生の秘密

卒業後は、父の母校である日体大の短大に入学しました。やはり、器械体操部です。オリンピックで活躍された著名な先生方の指導を受けることができて、感激で胸がいっぱいになったものです。東京に出るのも中学の修学旅行以来です。何もかもが新鮮で、張り切っていました。

すぐに新人戦がありました。ところが、その試合で私は平行棒から落ちて、肩を強打しました。がっくりしましたが、器械体操ではよくあること。気を取り直して病院に行きました。名前を呼ばれるまでの間、手持ちぶさただった私は何気なく、保険証を広げてながめていました。ふと、私の目は一点に釘付けになりました。

（養女……）

なんで養女なの。私は次女のはず……。心臓をわしづかみにされたようなショックに、身体中が震えました。目を疑って何度も見直しました。間違いなく「養女」と書かれてあります。その瞬間、近所のおばさんの、あのときの言葉が鮮やかによみがえってきたのです。

「桂子ちゃんには、お父さんが二人いるのよ」

「桂子ちゃんには……お父さんが二人いるのよ」

「…………」

私はすぐさま新潟の実家に遠距離電話をかけて、ほとんど涙声で訴えました。

「養女って書いてあるよ。どうして？　どうして？　ねえ!?　早く聞かせて!!」

「今度帰ってきたらきちんと話すからね……」

父はそれだけ言うと電話を切ってしまいました。

翌朝、私は新潟に向かいました。次の帰省まで待てませんでした。

列車に揺られながら過去を振り返ってみると、「やっぱりそうだったのか」と納得せざるを得ない場面が次々に浮かんできては、間違い、きっと何かの間違いよ、という私の一縷《いちる》の望みを悲しく打ち消していきます。涙がとめどもなくあふれ出てきて止まりません。

「ただいま帰りました……」

不安で胸が張り裂けそうでした。何を聞かされるのか、ドクンドクンと波打つ胸を押さえて、両親の話にじっと耳を傾けていたことを、昨日のことのように思い出します。

「時期が来たら話そうと思っていたんだよ。隠していたわけじゃないんだよ」

父は開口一番、こう言いました。

簡単に言うと、私と父は年の離れた異母兄妹だったのです。私の産みの母は資産家に嫁いだのですが、子どもができなかったので離婚させられ、私が「おじいちゃん」と呼んでいた人と再婚して私を産みました。このとき、おじいちゃん、つまり実の父親は六十歳、母親は四十二歳だったそうです。

母は体が弱くて、お産は無理だと言われていたにもかかわらず、私を産んだのです。子どもができなくて離婚させられたのですから、初めて授かった子を堕ろしたくなかったのでしょう。女である以上、どうしても産みたいという意地もあったのかもしれません。

でも、やはり無理だったのですね。私を産んで三カ月くらいで亡くなってしまったのです。「桂子」という私の名前は、京都市南西部を流れる桂川のように美しく、清らかに育ってほしい、という母の願いを込めてつけられたそうです。

実父は三回結婚しました。大好きな育ての父、飯塚正雄《いいづかまさお》は、最初に結婚した女性との間にできた子だったのです。ですから、私とは三十六歳も離れています。次に結婚した女性が私の母親。三番目の女性と結婚したのは、私が小学三年生のときでした。前にも書きましたように、この祝言の日に、私は近所のおばさんから「父親が二人いる」と教えられたのです。

実父は、二回とも妻に先立たれ、その悲しみをこらえながら、私の前では死ぬまでおじいちゃん役を演じ続けていました。今思えば、つらかったでしょうね。父親だと名乗ることも、実の我が子を抱きしめることもできないのですから。でも、私は薄々気づいていました。見えないところで、私を兄姉よりかわいがってくれていることを。

たとえば、おじいちゃんはお祝いにもらった鯛の粉菓子を、こっそり私にくれることがよくありました。私はあまり好きではなかったのですが、気を遣って、

「おじいちゃん、とってもおいしかったよ」

と言うと、また、あんこがいっぱい詰まったおなかの部分を切ってくれるのでした。おじいちゃんの目の前で、モグモグおいしそうに食べてみせると、おじいちゃんはニコニコしながら、

「正雄の言うことをよく聞いてしっかり勉強して、いい子になるんだよ。身体に気をつけ

るんだよ」

とやさしく頭をなでてくれるのでした。

母が亡くなったあと、まだ乳飲み子だった私を男手ひとつで育てるのは難しかったらしく、おじいちゃんは私を育ててほしいと、いろいろな人様にお願いしました。当時は子どものいない人が赤ちゃんを引き取るのは、そう珍しいことではなかったようです。ところが、子どもをもらうと、自分の子を授かるという皮肉な結果（その人にとってはうれしい結果でしょうね）になることが多く、じゃまになった私はあちらこちらたらい回しにされました。

ある日、父が知人宅を訪問したときに、たまたま私を見たのです。私は栄養失調でやせ細っていたそうです。どんな育てられ方をしたのか想像がつきますが、一、二歳のときのことですから記憶はありません。父は私のやせた身体を見て、この子は自分が育てなければと決心したそうです。最愛の父とは赤の他人ではなくて、半分は血のつながりがあったことで、私は少し安堵しました。

父は最初の結婚で兄をもうけ、妻が亡くなったあと、その妹で、私の育ての母である喜代子と結婚しました。そして姉をもうけ、さらに私を引き取ったというわけです。母からみれば、実の子は姉一人、兄は甥にあたり、私とは血のつながりもないということになります。

この話を聞いて、私を悩ませていた母の不審な態度にも合点がいきました。きっと父に頼み込まれて、しかたなく私を引き取ることにしたのでしょう。兄も自分の姉さんの子ですから、母は実子ではない子を二人も育てるハメになったのです。しかも、いちばんかわいい我が子は脊椎カリエスという難病で苦しみ、ずっと病院通いです。どんなにつらい日々だったことでしょう。

聞くところによると、姉がカリエスになったのも、私の産みの母が結核を病んでいて、母が姉をおぶって手伝っていたときに私の産みの母がよく咳き込んでいたので、結核菌が幼かった姉の体に入ってしまったからだとか。母が私の実母を恨むのは当然ですし、元気な私に意地悪したくなった気持ちもわかるような気がします。

私を外に出さないように目を光らせていたのも、私の口から家庭内のことをいろいろ話されるのをおそれたからでしょう。もちろん私は、父にも近所の人たちにも、母のイジメについて一言だって告げ口したことはありませんし、母に口答えしたこともありませんし、兄弟ゲンカもしませんでした。父にはべったりの私でしたが、母にはひたすら気を遣い、常におどおどと接していたように思います。

父の前ではやさしく振る舞い、陰で私をいじめる母を一度も憎んだことがないと言えばウソになりますが、すべてがわかった今となっては、育ててくれたことを感謝するばかりです。このときから、それまでのわだかまりが徐々に解けて、母といい関係を築けるようになっていったのです。


長い話を聞き終えた私は、こんな冗談を父に言ってみました。

「じゃあ、これからはお兄さんと呼んでいい？」

「それだけはやめてくれ」

父の困った顔がおかしかったですね。最後に両親は、頭を下げてこう言ってくれました。

「三人とも素直ないい子に育ってくれて、親としてこれ以上の喜びはないよ。ありがとう。みんなに感謝している」

感謝しているのは私の方です。今後はよりいっそう努力して、さらに明るいいい子になろうと決意を新たにしたのでした。

●教育とスポーツに生涯をささげた父

私は大学に戻り、再び器械体操に打ち込む日々が始まりました。練習は非常に厳しくて、つらいことも多々ありましたが、父のおかげでいい思いもたくさんさせてもらいました。日体大の先生方のほとんどが父をよくご存じで、私は「飯塚先生のお嬢様」としてかわいがっていただいたからです。

父は昭和八年に日体大を首席で卒業し、スポーツの振興と教育に生涯をささげました。とにかくまじめで、たいへんな熱血先生だったようです。専門は器械体操。中でも跳馬が得意だったらしく、かなりの成績を残しました。父には遠く及びませんが、私はその血を引いたことを誇りに思っております。また、父も跡を継いだ私をことのほか喜んでいましたね。

体育の教師になってからの父は、よき指導者になるよう熱心に勉強し、バスケットボールやバレーボールなど、専門外のスポーツの監督も務めました。そして、バスケットボールで二回、バレーボールで一回、チームをインターハイ優勝に導くという輝かしい成績を収めたのです。厳しい先生だったようですが、生徒たちからとても慕われ、長くおつきあいが続いていました。

その後、行政に携わることになり、昭和三十九年に新潟での国体開催が決まると選手強化部長を務めることになりました。国体が終わるまで、日夜仕事に追われ、強化選手集めに奔走していた姿を今でも鮮明に覚えています。私も高校時代は一応、体操の強化選手になっていました。ときどき父は、菓子折りやパンなどを携えて合宿所に陣中見舞いに来ては、

「おなか空いたろう。みんなで食べな。がんばれよ、桂子」

と激励してくれました。このとき私は膝を痛めてしまい、結果、国体選手にはなれませんでしたが、懐かしい青春の一コマです。ちなみに私、メキシコ、ミュンヘンオリンピックで、体操個人総合金メダリストの「加藤沢男さん」と同期でございますの。オホン。

皆さんの尽力のおかげで、新潟国体は大成功のうちに幕を閉じました。毎年、天皇杯、皇后杯は東京都の専売特許だったのですが、この国体では、どちらも新潟県が勝ち取るという史上初の快挙を成し遂げたのです。

それだけに、どうしたらこのようなすばらしい成績を収めることができるのか、全国から問い合わせが殺到しました。このときから父は、新潟国体の立て役者の一人として、「新潟に飯塚正雄あり」と、名前をとどろかせることになったのです。今でこそ、開催地が天皇杯、皇后杯を獲得するのは当たり前のように思われていますが、そのきっかけになったのは、父が心血を注いだ新潟国体だったのです。

国体後、父は中越教育事務所所長、巻高校校長、巻町潟東村教育長、全国町村教育長の会長などを歴任し、長きにわたり青少年の教育に力を尽くしました。日本ユースホステル協会の理事も務め、ローマオリンピックのころには二カ月ほど外遊いたしました。当時はまだ海外旅行が珍しい時代で、お土産のスイスの時計やイタリアの革製の白い手袋、香水、カメオなどにうっとりしたものです。

こんな父でしたから日体大の先生方も一目置かれていたらしく、娘である私もかわいがってくださいました。ここだけの話ですが、他の学生より特別目をかけていただき、いい思いをさせてもらいました。

ただ、合宿所生活で門限が厳しくて、あまり遊ぶことができなかったのが残念でした。そのうえ、たまに先輩に誘われてデートでもしようものなら、「桂子ちゃん、いい人いるみたい」とすぐに父に告げ口されてしまうのです。自由に青春を謳歌する学友が羨ましくてしかたなかったものです。

ですから、そのころは、父に会うのがいちばんの楽しみでした。ハイカラな父は、上京の際にはいつも花束と私の好物を両手いっぱいに持ってきてくれます。父の顔を見ると、

「お父さ〜ん」

と抱きつくので、「まるで恋人同士のようね」なんてからかわれることもたびたびでした。父は必ず私を連れ出し、デパートで洋服やバッグを買ってくれたり、おいしいものを食べさせてくれました。私の見えないところで節約して、贅沢をさせてくれたのです。父一人のサラリーで三人の子どもを大学まで出したのですから、両親ともにさぞたいへんだったことでしょう。

五人家族なのに、母が常に四人前の料理しか作らなかったことを思い出します。みんながおおかた食べ終わるのを見計らって、母は食べ始めるのです。自分の分は作らずに、残りものでがまんしていたのですね。なんで母だけ食べないのだろうと、私は不思議に思ったものです。そのわけがわかったのは、かなり成長してからのことでした。やりくり上手でひたすら父に尽くし、しっかり家庭を守った人でした。

父も苦労はみじんも見せず、何不自由のない学生生活を送らせてくれました。合宿所暮らしの私を気遣って、しょっちゅう長文の手紙をくれましたね。残念なことに、達筆すぎて半分も読めないのですが、そこは几帳面な父のことですから、まめに振り仮名をつけてくれていました。内容はともあれ、巻紙に毛筆で書かれた手紙は恋文のようで、来るたびに胸がときめいたものです。「健康第一。素直であれ」。どの手紙もこの言葉で締めくくられていました。

父は日体大をこよなく愛していました。多くの後輩の面倒を見、仲人も四十組近く務め、誰からも慕われていました。晩年には、教育、スポーツ、社会体育における多大の貢献を認められ、勲四等瑞宝章《ずいほうしょう》を授与されました。春の園遊会にも招かれて、その際にいただいたお菓子を私に食べさせたくて、たった一口のためにわざわざ湯沢で途中下車して届けてくれたこともあります。

なんて素敵な父でしょう。私の自慢の大好きな父でした。

第二章　長靴を履《は》いたガリバー

昭和45年3月新婚旅行へ。当時ハワイ旅行なども珍しかったころ。茂之27歳、桂子23歳。

●新米先生として張り切る日々

日体大を卒業後、私は体育教師として新潟県小千谷《おじや》市の千田《ちだ》中学校に赴任しました。ほんとうは、四年制の大学に編入してあと二年、学生生活を楽しみたかったのですが、教師があふれて採用が厳しくなり始めたころだったので、

「卒業してすぐに教師になった方がいいんじゃないかな。二年後はもっと難しくなるよ」

という父のすすめに従って、就職することにしたのです。

千田中学は田畑の真ん中にある、のどかな雰囲気の学校でした。緑が濃く環境はいいのですが、夏はヘビがゾロゾロ出てくるので、悲鳴をあげながら通勤しました。冬は雪が一晩に七十、八十センチも積もり、学校の一階が埋もれてしまうほどでした。雪が少ない新潟市内で育った私には別世界でした。

各学年二クラスしかなく、全校生徒二百名のこぢんまりした学校で、生徒たちは素直で伸び伸びしていてかわいかったですね。専門教科は体育ですが、ほかに家庭科と一年生の

数学も教えることになったのです。一年目は予習、予習の毎日でした。後にも先にもこんなに勉強したことはありません。

小学生のころ、算数は「3」しか取れなかったのに数学を教えるの?、と驚かれた方もいらっしゃるでしょう。でも、父のおかげで、中学・高校時代には数学に目覚めていたので、どうにか楽しい授業ができました。

いちばん困ったのは家庭科でした。

私は不器用で、縫い物系はぜんぜんダメだったのです。母が、服でも袋でもなんでも上手に作ってくれたので、自分でやらずにすんでいたからかもしれません。しょっちゅう母に電話しては、どうすればいいか教えてもらっていました。今から思うとなんとも頼りない先生でした。でも、うまくしたもので、生徒の中に必ず器用な子がいるのです。その子の作品をちゃっかりお手本にして、

「こんなふうに作るのよ」

などと言ってごまかしていたのですから……。

放課後は体操部の指導に汗を流しました。生徒の上達が楽しみで、時間が経つのも忘れて懸命に教えたものです。今ふうに言えば、「熱血先生」でした。その甲斐あって市内大

会で優勝し、中越大会出場までこぎつけたときには、生徒よりも私のほうが大喜びして飛び跳ね、ちょっと恥ずかしい思いをしました。

若い先生が来たというので、保護者の方々は娘のようにかわいがってくださり、先生方も薄給の私にいろいろと差し入れをしてくださいました。初任給は一万六千円でした。下宿代が六千円でしたので、非常に苦しかったですね。両親の理解のもとに、全額使わせてもらいました。唯一の贅沢は月に一度の美容院通いでした。おしゃれが好きで、流行の最先端をいっていた私は、そのころから髪を染めていたのです。

男性から交際を申し込まれたり、プロポーズされることもありましたが、誘惑には絶対に負けないぞと私は固く決心していました。父に言い聞かされていたからです。

「いいかい、桂子。山間部の学校に赴任すると、どこにも行くところがないし娯楽もないから、若い先生方は必ず一緒になってしまうんだよ。そして、山から出てきたときに、しまった失敗したとみんな後悔するんだ。軽々しく男性の口車に乗っちゃいけないよ」

当時は、新卒者は二、三年、山間部に勤務しなければならない決まりになっていました。それもあって、若い先生同士でくっついてしまうケースが多かったのでしょう。私は寂しがり屋でしたから、誘われるとコンパなどには出かけましたが、特定の人とのおつきあいは避けていました。自動車学校に通ったり、下宿で生徒に勉強を教えたり、まじめに生活していましたね。といっても私のこと、日直をすると多少の手当がつくので、他人の分まで喜んで引き受けて、一カ月休みなく働いたあげくに風邪をひいて、一週間休むというようなマヌケな面もありました。

生徒たちも、「先生、先生」と慕ってくれました。男子生徒の中には下駄箱にラブレターを入れてくれる子もいて、みんな、お姉さんみたいに思ってくれていたのでしょうね。

さまざまな失敗はありましたが、温かく見守ってくれた生徒や保護者、先生方のおかげで、私は教師として順調なスタートを切ったのです。この千田中学で二年勤めた後、隣町の川口中学に転任になりました。

ここでもやはり体育と数学を教えましたが、今度は慣れたものです。地域の父母とのコミュニケーションもうまくいき、授業も楽しくて充実した毎日でした。ただ一つイヤだったのは、男性教員の一人から陰湿なイジメを受けたことでした。

父の名は県下に鳴り響いていましたから、その娘さんが来たというので、皆さんがことさら親切にしてくださったことや、器械体操部の監督の座を私に奪われた形になったことなどがおもしろくなかったようです。私は生徒に手本を見せてあげられるのに、彼は技ができなかったので、私に監督のお鉢が回ってきたのはいたしかたないことだったでしょう。

あまりの意地悪に泣いてしまったこともありますが、生徒たちや大先輩の先生方が、

「あんな先生のこと、気にしちゃダメだよ」

とかばってくれたり励ましてくれたので、むやみに落ち込まないですみました。

●寒さに震えたジュース見合い

川口中学にもすっかりなじみ、校庭の木々の葉も美しく色づいたある日の放課後、事務員が呼びにきました。

「飯塚先生、男の方がぜひお会いしたいとおっしゃっています」

名乗りもしないので、てっきり生理帯の注文取りだと思った私は、

「帰ってもらってください」

と頼みました。当時は修学旅行の前に注文を取りに来るのが慣例となっていました。春に来るはずなのに、なんで今ごろ?と疑問に思ったものの、ほかに心当たりもなかったの

で、私はそれと決めつけ、すげなく追い返そうとしたのです。ところが、

「どうしてもお会いしたいそうです」

と事務員は言うのです。

さあ、誰だとお思いでしょうか？

そう、未来の旦那様だったのです。廊下を走っていくと、ガリバーのように大きな人が二人突っ立っていました。彼らはスエヒロ館（湯沢グランドホテルの前身）という旅館の息子で、私の知り合いのおばちゃんに私を紹介されたといいます。その女性は父の部下で、子どもがいないため、私を幼いころから我が子のようにかわいがってくれていました。妹さんがお琴の先生だったので一緒に習っていましたし、父は仲人も務めました。

私はといえば、長男はイヤ、メガネはイヤ、やせはイヤで、彼はすべて当てはまっていました。なんで弟までくっついてきたのか、それもナゾでした。でも、おばちゃんの紹介なら間違いないだろうと、とりあえず食事の誘いを受けることにしたのです。ヒマだったし、おごってくれるのならまあいいや、と思ったわけです。なにしろ薄給の身、一食でも浮けばありがたいという軽い気持ちでした。

私は、他人様には現代的な人と思われがちですが、割と古風な面があるのです。習い事

はお琴に日舞、歌といえば演歌、食べるものは和食、義理人情に厚く、すぐ情にほだされる、という典型的な大和撫子《やまとなでしこ》（？）でした。ですから、絶対見合い結婚と決めていました。恋愛もたくさんしましたが、知りすぎて結婚するより、未知の部分が多いお見合いの方が夢があると思っていたのです。今思えば、なんて甘い考えでしょう。世間知らずのお嬢様だったのですね。

お相手は当然、医者か弁護士か大学教授か銀行マン。もう、おわかりでしょう。私は福沢諭吉さんと縁の深い人を望んでいたのです。父は私が必要なものはなんでも買ってくれましたし、できるだけのことをしてくれました。でも、陰の苦労を察していたので、物をねだることができませんでした。それだけに、気兼ねなく自分の好きなようにお金を遣いたい、という気持ちが強かったのです。

そんなわけで、私はお見合いには前向きでした。たまたま彼に会う直前に初めてのお見合いをしたのですが、偶然にもその人もホテルの長男でした。でも、私のいちばん嫌いな、人を見下すタイプだったので、すぐにお断りしました。二回目のお見合いがこれだったというわけです。ちょっと風変わりでしたけどね。

私はいったん下宿に帰り、ドレスアップして待ち合わせ場所に急ぎました。忘れもしない十月三十日、初雪が舞い降りそうな寒い日のことでした。連れて行かれたのは近くのヤナ場でした。夏なら鮎を焼いて食べたり、川をながめて夕涼みしたり、風情もありますが、秋深くに訪れても吹きさらしで寒いだけです。

二人は毛糸の厚い靴下を履き、背広の下にカーディガンまで着込み、万全の備えをしているからいいでしょう。でも、私はドレスアップして薄着だったのですから、寒くて震えが止まりません。なのに、出てきたのは冷たいジュース二本！　目の前で女性が震えているのに、なんでジュースなの。「食事でも……」と誘ったあの言葉はなんだったの。だいたい三人いるのに二本しか出てこないなんて、おかしいと思いません？　飲まなくても人数分注文するのがふつうですよね。おまけに自分だけさっさと飲んじゃうし。ここで気づくべきでしたね。

話も一方的でした。

「兄弟は何人ですか？」

「趣味はなんですか？」

「休みの日は何をしていますか？」

まるで、取り調べを受けているような感じでした。聞くだけ聞くと二人はさっと立ち上

がり、

「じゃあ、またね」

「……?……」

まあいいか、かっこつけない人なんだわと善意に解釈し、私は「スエヒロ館」とでかでかと書かれた車を見送ったのでした。

下宿に戻って冷静に考えてみると、私は相手のことを何一つ知らず、名前も聞かずじまい。不思議な初対面の、奇妙な見合いでした。

翌朝、職員室に入ると同時に、事務員に声をかけられました。

「村山さんて方からお電話です」

「そんな方、私は知りません」

「飯塚先生に間違いないですから、出てください」

首をかしげながら電話に出ると、

「昨日はどうも。今度は二人でお会いしたい」

このとき初めて、スエヒロ館の息子の名前が村山茂之だとわかったのです。

●らっきょうか百万か

数日後、最初で最後の二人っきりのデートが敢行されました。男なんか星の数ほどいるんだから、こびを売る必要なんかないわ、あんな失礼な人。強気でいこうと決めていましたが、デートとなるとやはり心が弾みます。私は、精一杯おしゃれをして出かけました。

ところが、茂之さんは、白いペンキで「スエヒロ館支配人」と大書してある黒のゴム長靴を履いてきたのです。雨が降ってきて番傘を広げれば、そこにも「スエヒロ館」のでっかい字が踊っており、青信号になれば自分一人さっさと行ってしまうので、私は寂しく雨に濡れながら追っかけなければなりませんでした。

そのうえ、食事は大衆食堂。デートのムードなんてまるでなし！　期待はずれの連続に、あきれて笑うしかない私でした。

彼がオーダーしたのは、鍋物と漬け物、そして例のごとくジュース二本。それでもなんとか場をもたそうとあれこれ話しかけていたら、茂之さんはうっかり、らっきょうを落としてしまったのです。らっきょうは座布団の上をコロコロと転がりました。当然、灰皿に捨てるだろうと思って何気なく見ていると、なんと拾うやいなや「あくん」と自分の口に入れてしまったのです。

思わず、私は心の中で叫びました。

(この人ヤダー。すごいケチ！　汚～い)

だって、考えてみてください。大勢の人が臭い靴下で歩いたり、その上で思いっきり強烈なガス爆発《ばくはつ》をしたかもしれないんですよ。見れば見るほど、しょっぱじょっぱした(汚らしい)座布団でした。私が呆然《ぼうぜん》としている間も、茂之さんは何事もなかったようにパクパクゴクゴク、自分だけ忙しく食べ続けているのです。私は食べた記憶がないですね。気がついたら、すっかり片づいていたのですから。

その後、場所を変えようということになり、喫茶店に入りました。私は紅茶を頼みました。デート中ならば、そんなときは、「ケーキもどう?」とすすめてくれるのがふつうですよね。もちろん、なし……。

強気でと思いながらも、どうしても気を遣ってしまう私は空きっ腹を抱え、なおもがまんしてニコニコしながら話をしていたのです。すると、突然、彼が聞きました。

「おれ、借金いくらあると思う?」

借金とは無縁の生活をしてきたので、それは衝撃的な質問でした。

「ないでしょ。借金なんて」

即座に答えると、茂之さんは平然とこう言い放ったのです。

「あるに決まってるさ。二千五百万から三千万ぐらいはあるよ」

私はまたしても心の中で（ドヒャー！）と叫んでしまいました。

「でも、おれは百万ぐらいだったら、いつでも動かせるよ。何も心配ないんだよ」

この言葉に私の気持ちはググッと傾きました。

前にも言いましたように、結婚の第一条件は、好きなようにお金を遣わせてくれることだったのですから。指パッチンで百万円……。なんて素敵。多少の苦労はあるかもしれないけれど、一緒になった方がいいかしら。ちょうどそのころ兄と姉が立て続けに結婚して、花嫁姿に憧れていた私はこの一言でほとんど決めかけたのですが、らっきょう事件のことを思うと、本当にこの人は金持ちなんだろうか、と半信半疑になってしまうのです。

最後に茂之さんから、

「体はじょうぶですか？」

と聞かれたので、正直に答えました。

「体育の教師をやっている割には弱いですね」

この日、私はいつでもお金を百万円ぐらいはもらえるのだと誤解し、茂之さんは日体大(短大)を出た体育の先生なら使い減りしないし、ばりばり働けるだろうと思い込んだのです。私は「弱い」って言ったのですけどね。お寿司でいえば、お互い並の上ってとこでしょうか。

思い返せば、村山の両親は私にいいところばかり見せていました。たとえばこんな具合です。

「お母さん、わしの給料いくらだっけ? 百万だったかな」

「そうですよ。お父さん」

しらじらしいやりとりですが、うら若い私は素直に信じてしまったのです。遊びに行くとしょっちゅうお寿司をとってくださるし、小さな旅館でも自分の家に比べると広くてりっぱですから、お金持ちそうに見えたのですね。それに、寂しがり屋の私には大家族というのも魅力でした。

百万円とらっきょうとの間で揺れたものの、最終的には、おばちゃんが私に変な人を紹介するはずがないという結論に達し、おばちゃんを信じて結婚を決意したのでした。父はふつうのサラリーマンでしたから、旅館などに嫁がせて苦労をさせたくないという思いが強かったようです。それなりの嫁入り支度をするのもたいへんなので、できることならやめてほしいと願っていたらしいですが、

「桂子の決意が固いのなら、親として精一杯のことをさせてもらうよ」

と言ってくれました。心に染みる言葉でしたね。

こうしてトントン拍子に話は進み、挙式までの間、当然のように私は旅館のお手伝いを頼まれました。それがデートだったのです。甘い婚約時代なんてまるでなく、平日は教師、休日は仲居さんとして働きづくめの毎日でした。

若かったし、結婚生活に夢を持っていたので不満は感じませんでしたが、教師をやめなくてはいけなかったのはつらかったですね。かわいい生徒たち、お世話になった保護者の方々、先生方に祝福され、涙ながらに別れを告げたのでした。

「先生、幸せになってねー」

と、校門で手を振って見送ってくれた生徒たちの顔は忘れられません。この三年間の教員生活は私の大きな財産となり、結婚後の私を支えてくれる原動力ともなったのです。このときは、もちろんそんなことは知る由もありませんでしたが……。

春とは名ばかりの雪深い日、嫁入り道具を二階のベランダから納め、いよいよ挙式を待つばかりとなりました。そして、初対面から五カ月後の昭和四十五年三月三十日、私の二十三歳の誕生日に結婚の儀となったのです。茂之さんは二十七歳でした。

●空きっ腹で新婚旅行に出発

挙式後、両親や兄姉の見送りを受けて、私たちは列車に乗り込みました。ちょうど大阪万博が開かれていたので、それを見てからハワイに向かうことになったのです。父が仲人をした際に、私も一緒に新婚さんを見送ったことが何度もあり、新婚旅行というものはみんなグリーン車で行くものだと思い込んでいました。ところが、私たちは特急の指定席で、若者たちが騒いでうるさいうえに、ピューピューひやかされてなんとも居心地の悪い思いをしました。

帽子をかぶり、ブーケを持っている私を見れば、誰だって「新婚さん」とわかりますよね。でも、茂之さんはやさしい言葉一つかけてくれるわけじゃなし、荷物を持ってくれるわけでもなく、さっさと我先に歩いていくばかり。私は片手にブーケ、片手に荷物を抱え、トボトボとついていくしかありません。まったく、お話にならないハネムーンのスタートでした。おまけに、座るやいなや騒音をものともせずグースカピー。私は挙式中も飲まず食わずでお人形のように座っていましたから、おなかが空いて倒れそうでした。

ようやくホテルに着いて、これで食べ物にありつけるとほっとしたのも束の間、部屋に入ったとたんにベッドに横になり、茂之さんはまた寝てしまったのです。起こすのも申し訳なくて、「おなか空いた」と訴えることはできませんでした。しおらしかったのですね、そのころは。

ホテルは初体験でした。ですから、旅館のように、ベッドの上に布団を敷きに来るものと思い込んでいたのです。こんなに高いところで重なりあったら、落ちたりしないかしら？

よけいな心配をしたりもしました。それにしても、眠いのに誰も来てくれません。しびれを切らして、私はおそるおそる聞いてみました。

「お布団敷きに来ないね？」

「これでいいんだよ。誰も来ないいんだよ。この上に直接寝ればいいからね」

思いがけず、茂之さんはやさしく説明してくれました。

内心、「こんげことも知らない女なんだか？　バカなやつだな」と言われるのではないかとドキドキしていたので、私はほっと胸をなでおろしました。このとき、この人は気がつかないだけで悪気はない人なんだ。根はいい人なんだ、と思いました。茂之さんの新たな一面を発見してうれしかったですね。と、一瞬見直したのですが、やはり茂之さんはあっという間に眠りに落ちてしまい、寂しい寂しい夜になりました。

万博をひととおり見たあと、いよいよ私たちはハワイに向かって飛び立ちました。新婚旅行がハワイに決まったときは、さすがにリッチと感動したものですが、よくよく聞いてみると次男夫婦にせがまれた結果だったのです。

茂之さんは、弟二人、妹一人の四人兄弟の長男でした。初対面の日にくっついてきたのは次男で、すでに十二月の挙式が決まっていたので、その前になんとか兄貴の嫁さんを見つけて結婚させせなければと、一緒に品定めに来たようです。私はめでたく義弟のおメガネにかなったというわけです。現在は湯沢町町長の要職にありますが、当時は男三兄弟で義父を支え、旅館を切り盛りしていました。

ハワイも、自分たちが行きたいので、その前に兄夫婦に行ってもらわなくては困る！

とのこと。茂之さんがとくに望んだわけではなかったのです。そのせいか、異国の地でも相変わらず寝てばかり。私はこんなチャンスを逃してなるものかと、多少のお小遣いを持って一人で街に繰り出し、行き交う人に、

「アロハ！　ハウアーユー？」

なんて声をかけて遊んでいました。するとどうでしょう。素敵な老紳士と出会ったのです。ダンディーでいかにもお金持ちそうでハンサムで、身体はがっちりしていて。タイプでした！

「ハズバンドはグースカピーなの」

片言の英語で訴えると、お茶に誘ってくれて、ダンスをしたりおしゃべりをして私たちは楽しいひとときを過ごしました。翌日、オプショナルツアーから帰ると、驚いたことにホテルにメッセージが届いていたのです。

「迎えに行きますから、ハズバンドと一緒にぜひどうぞ」

ハワイ最後の夜は、彼のおかげで最高にゴージャスなものになりました。彼は奥さんと通訳まで連れてロールスロイスであらわれ、シックなレストランでごちそうしてくれたうえ、高級クラブに招待してくれたのです。

私は夢見心地で、ジェスチャーたっぷりの英語で場を盛り上げていましたが、隣の茂之さんは、シーン……。英語が苦手なせいか表情が硬く、いかにもつまらなさそうです。気になりましたが、私は思いきりはじけて楽しみ、別れを惜しんでハグハグしました。

部屋に戻った茂之さんの第一声は、

「おれ、心配だったて。いくら請求されるかと思って」

これでした。青くなっていたのは言葉のせいではなくて、お金のせいだったのですね。私は、楽しむときは十分に楽しむべしがモットーのちゃっかり屋ですから、よけいな心配はしませんでした。ほんとうに感じのいい素敵なカップルでした。それなのに帰国後、お礼の手紙一つ、電話一つしなかったことを今でも悔やんでいます。

私はこの旅行中に、イヤな疑惑にとりつかれました。ひょっとして、村山家は私が思っているような金持ちではないのかも……という疑惑。茂之さんと、夜な夜なベッドの上で始めるのです。残念ながら甘く燃え上がるとかいう話ではありません。

さて、なんでしょう。そう、今日一日の精算チェックです。私は泣きながら抗議しましたよ。

「話が違う。私、家計簿なんかつけるような細かい男の人は嫌いです！」

「そうじゃないて。十二月に弟たちがまたハワイに来るだろ。どれくらいお金が必要か、あらかじめ知っておかなくちゃいけないから、つけているだけだよ」

この返事を聞いて少し安堵したのですが、次に彼はこう言いました。

「持っているお金を全部出しなさい」

あとでバレても困ると思い、私は両親や親戚がこっそりくれた餞別《せんべつ》をすべて出してしまいました。ホントにバカなことをしたものです。結局、それはおみやげ代に回され、私の手元には何も残りませんでした。一ドルが三六〇円だった時代のことです。

結婚したらルンルンだと思っていたのに、これから先がたいへんだなあ。まあいいか、帰ったら一生懸命働いてまたハワイに来ようと、決心した私でした。

第三章　嫁のお仕事

左からパピー 43 歳、マミー 39 歳、長女・美紀 16 歳、次女・由紀 13 歳、長男・秀明 10 歳。

●あまりに違う両家の家訓

帰ってからの生活は思っていたよりも厳しくて、戸惑うことばかりでした。とくに両家の家訓のあまりの違いには驚かされ、緊張の連続でした。

実家の飯塚家はごくふつうのサラリーマン家庭で、父が行政や教育に携わっていたせいか、どちらかといえば堅い考え方でした。他人様から何かいただければそれ以上のお返しをし、何よりも義理人情を大切にしていました。頼まれると気軽に適当な方を紹介してあげていましたし、仲人も数多く務めました。私と茂之さんを結びつけたおばちゃんもその一人でした。大好きなおばちゃんが紹介してくれた人だから、いい人に違いないと信じて私は結婚に踏み切ったのです。

両親ともにとても器用で、勉強、書道、絵、裁縫と、学校で習うことはすべて教えてくれました。父は常にやさしい言葉かけをしてくれましたし、がんばればささやかでもご褒美をくれたのです。私は、親の期待に応えたい一心でここまできたといっても過言ではありません。

熱があるといえば何度も額のタオルを取り替え、トゲが刺さったといえば老眼鏡をかけて丁寧に抜いて消毒してくれた父。ほんとうにまめな人で、あふれるほどの愛情を注いでくれました。耳かきは最高でしたね。結婚後も会うたびに、私と子どもたちは順番に父の膝枕で耳かきをしてもらったものです。

〔飯塚家の家訓〕
一、人生をまじめに生きること
　自分に与えられた道をまっとうしなさい。他人様に迷惑をかけないこと。
二、他人様に常に感謝の気持ちをもつこと
　自分一人では何もできないのだから、他人様を大切に。常に相手の立場に立って行動すること。陰ひなたなく、いつでも同じ気持ちで接するように。桂子は村山の両親に一生仕え、尽くしなさい。私たちのことは心配しなくていい。迷惑をかけないでそれなりに生きていくから。

嫁ぐ前夜、私は大好きな父の布団にもぐりこみ、思い出話をしたり、嫁としての心構えを教えてもらったり、話し込んでいるうちにいつの間にか眠ってしまったのです。母も会話に入って、笑顔で見守ってくれていました。「飯塚桂子」として両親から受け取った最後の「ぬくもり」でした。

この「ぬくもり」が、結婚後の私を支えてくれたのです。

三、夫は妻に手をあげてはいけない

どんな場合でも、男は女に手をあげてはならない。女は弱いのだから。

これが父の口癖でした。私は両親がケンカをしているのを一度も見たことがありません。いつもとちょっと雰囲気が違うな、と感じるぐらいでした。

四、健康第一

健康でさえあれば、なんでもできるし、がんばれる。環境で身体は左右されるから、くれぐれも気をつけるように。無理をしてはいけないよ。

五、家庭円満であれ

我が家ほど複雑な家庭はそうないと思っている。でも、円満にやってこられたのは、それぞれが自分の立場をわきまえ、相手を思いやってきたからだよ。家庭円満が幸せの源だよ。

私は両親を見習って、必ず円満な家庭を築こうと決心したのです。

では、続いて村山家の家訓をご紹介しましょう。

〔村山家の家訓〕

一、両親を大切に!! 絶対服従(ブルブルンルン)

両親に対してはいかなる場合でも、「はい、かしこまりました」の二つ返事であるように!

義父はお酒が大好きで義理人情に厚く、飲んでいるときは機嫌がよくてえびす顔になるのですが、ふだんは口を一文字にきりっと結んだ無口な人でした。私が嫁いだときは社長でしたし、どんなに理不尽な話でも「はい、わかりました」と返事をしなければ大きな太い声で呼ばれるので、家族全員がピリピリしていました。長男である茂之さんも両親には絶対服従で、口答えなどできません。茂之さんは偉いなあと感心したものです。

嫁である私は誰よりも気を遣い、いつも緊張していました。もちろん、それは当たり前だと思っていました。

義母は非常に美しく、着物や割烹着の似合う素敵な人でした。夫にさからうことは一切ありませんでした。ですから、義父は義母を大切にしていて、私の前では、「お母さん、お母さん」と常に声をかけていましたね。

二、兄弟仲よく

長男は弟妹の面倒を見、弟たちは兄の言うことを必ず聞くように。

村山家の三兄弟は、町内でも仲がいいことで評判でした。そのうえ、みんな背が高くていい男なんですよ。性格も素直で、義父母にしてみれば自慢の息子たちだったと思います。

私はお義父様に常にこのように言われていました。

「おれはいいから、お母さんと次男、三男を大切にして仲よくやってくれ」

皆さんに気に入ってもらえるように、私は心を砕きました。

三、家庭の和を大切に

それぞれの家庭の和はもちろんのこと、それ以上に「村山家の和」と「絆」をしっかりと守ってほしい。

三人の息子たちは結婚して各自の家庭があるのに、夕食だけは村山家全員、つまり義父母と子ども四人が集まって食べるのです。嫁や孫はかやの外。

　私は隣の部屋で子どもと寂しく……。

　変だと思いません？　私は不思議でなりませんでした。義弟のお嫁さんたちは家が離れているので、「かえって食事の支度が楽でいいわ」なんて言っていましたけど、鉄のドアで閉め出された私は恨めしく思ったものです。ときには、みんなで嫁さんの悪口でも言ってるんじゃなかろうかと、よからぬ想像をしてしまうこともありました。でも、この生活も子どもたちが幼いころだけで、長女が小学校に入学してからは、それぞれの家庭で夕食を囲むようになりました。

四、商売は戦場である

　浮き沈みの激しい世界だということを、しっかり教育していましたね。男は働くもの（稼ぐ者）、女は尽くすもの（守る者）。村山の両親は子どもたちに独立心をきちんと植えつけていました。その点はりっぱだったと思います。

五、長男の嫁が一番！！

　村山家の発展は長男の嫁にかかっているんだよ。まとめ役は桂子さんの仕事。毅然とした態度でやりなさい！　「はい、かしこまりました」

このように、両家の家風には大きな隔たりがあったのですが、弱音を吐いているヒマなどはありません。早く新しい環境にとけこもうと、私なりに懸命に努力いたしました。父のこの言葉を胸に秘めて。

「桂子。人はいつでも必ず見てるんだよ。常に裏表なく、同じ気持ちで接しなさい。いつかわかってくれるときがくるから」

●仲居になったり手配師になったり

新婚旅行から戻り、スエヒロ館の玄関をまたいだときから、私の嫁としての仕事が始まったのです。

「ただいま帰りました。長々とゆっくりさせていただき、ほんとうにありがとうございました」

三つ指ついて義父母に挨拶したところ、

「明日は従業員に紹介するから」

と言われました。長男の嫁として、口上のひとつでも述べなくてはいけないのではと思案したものです。

翌朝、皆さんお待ちとのことで、ドキドキしながら行ったのですが、通された部屋には家族も含めて十五人ぐらいの人しかいませんでした。遠山の金さんみたいに、屏風の後ろにはたくさんの人が控えているのだろうと期待していたのに、屏風のすきまから見えたのは座布団の山でした。こんなはずではない！　口上どころではなく、私は開いた口がふさがりません。こんな少人数でどうやって客にお膳を出しているのだろう。不吉な予感が広がるのでした。

婚約中、仲居さんとなって手伝っているときには、家族みんなが口をそろえて、

「お嫁に来たら着物を着て、帳場で電話番をしたり、お客様を案内したりして、あとは帳場に座っていてくれればそれでいいから」

なんて言ってたくせに、全部ウソでした。私、日本一の詐欺師に当たっちゃったのかしら？　茂之さんが結婚を急いだのは、仲居さんがほしかったからだ、とやっと悟った私でした。

それからは、仲居さん兼リクルート係として休みなく働かなければなりませんでした。当時は仲居さんといえばわけありの人が多く、やっと来てくれてもすぐにやめたり、夜逃げしたりでなかなか居着かず、絶えず人手不足に悩まされていたのです。旅館で働くことに対して偏見が強かった時代でした。

私は、教え子に土・日だけアルバイトを頼むことにしました。ふつうなら、旅館なんかで働かせられないと断られるところですが、

「飯塚先生のところなら安心だよ」

と保護者も快く出してくれたのです。

水曜日になるとあちこち電話しまくってなんとか人を集め、仕事が終わるとお土産を持たせ、これ以上はないほど気を遣ってクタクタになりました。どうしても集まらないときは、実家の父や下宿のおばさんに頼んで見つけてもらいました。ほんとうにありがたかったですね。それなのにお義母様は、好き勝手なことを言うのです。

「もっと気の利《き》く子にしてくれ。めめのいい子にしてくれ」

必死で探し回って見つけてきたのに！　茂之さんに訴えても、お義母さんに頭が上がりませんから、なんの援護もしてくれません。私一人でてんてこ舞いの毎日でした。

まもなく妊娠がわかり、大喜びしたのも束の間、今度はひどいつわりに悩まされることになったのです。何も食べられず、食べ物の臭いがしただけで吐いてしまいます。それでも休めないのです。お義父様が、

「つわりなんか病気じゃない」

って言うのですもの。お義母様はつわりが軽い体質だったらしく、私のつらさをあまり理解できなかったようですね。ですから、無理せざるを得ませんでした。

しかし、みるみるやせていくし、立っていると脂汗がにじみ出てきます。自分でも衰弱していくのがわかるし、こんな状態で赤ちゃんはだいじょうぶなのかと不安にかられて、こっそり病院に行きました。すると、

「すぐに入院しなさい。これじゃあ赤ちゃんが育ちませんよ」

医師の言葉に半ばショックを受け、半ばほっとしたのを覚えています。旅館に帰ってお義父様に伝えると、

「一軒じゃわからないから、別のところで診てもらえ。一人で行ってこい」

と言うではないですか。嫁の言うことが信じられなかったのかもしれません。次の病院でも同じ見立てでした。こうしてダメを押されての入院。私はやっと横になることができ

て、うれしかったですね。二週間ほどで退院したのですが、やはり体調がおもわしくありません。もどしてばかりで食べられないのです。

ちょうどそのころ、たまたま実家から電話がかかってきたのです。心配させたくなかったので内緒にしていたのですが、隠しきれずにすべてを打ち明けました。両親は驚いて、茂之さんに頼んだのです。

「ご迷惑でしょうから、元気になるまでうちで預かりますので、帰してください」

でも、茂之さんは、どうしてもそれをお義父様に言えないのです。すったもんだの末、父が直接お義父様に頼み込んで、ようやく了解を得ることができました。私が実家に帰るときに、お義父様が言い放った次の言葉は忘れられません。

「女だったら流産してもいいぞ、女はいらん」

耳を疑いましたね。冗談だとしてもひどすぎません?

私は実家近くの、父の教え子の病院に三週間入院し、その後三カ月ほど静養させてもらいました。体は楽になりましたが、精神的には苦しかったです。旅館は人手が足りなくて困っているんじゃないか、茂之さんが夜遊びでもしているんじゃないかと、気をもみっぱなしでした。

秋の紅葉の忙しいときに休ませてもらったので、旅館に戻ってからは以前にも増して働き続けました。出産予定日は三月二十九日でしたから、実家の両親は、「二月になったら帰してもらいなさい」と言うのですが、とてもそんなことを切り出せるような状況ではありません。義父母には三月初旬に催されるカーニバルが終わるまで働くように言われるし、私も休んだ分を取り返すつもりでがんばりました。

このころ、私の体には大きな異変が起こっていたのです。顔がむくんで目がミミズのように細くなり、手はグローブのようにはれてそろばん玉がはじけないし、足も象の足みたいに太くなっているのですもの。指で押すとペコーンとへこんで戻ってこないのです。私もちょっと変だとは思っていました。お義母様が私の紅潮した顔を見て、

「桂子さんは妊娠していると顔色がいいね」

なんて言っていましたが、とんでもない！　血圧がものすごく高くなっていたのです。妊娠の経験がある人はもうおわかりでしょう。そう、強度の妊娠中毒症になっていたのです。初めての妊娠だったので、こんなになってもまだ、私は事の重大性を認識できなかったのです。七カ月まで、トドのような体でお客様の部屋にお膳を運んでいたのです。これだけでもスエヒロ館の実状がわかりますよね。

村山家は、見栄を張って大風呂敷を広げていただけなのです。月末に集金人が来ると、お断りするのが私の役目でした。台所は火の車だったのです。それなのに、ハワイなんかに新婚旅行に行ったりして。事情がわかるにつれて、ハワイでの茂之さんの渋い表情も納得がいくのです。彼が旅行を楽しめないのも、夜な夜な家計簿をつけるのも当然のことだったのです。

私は嫁入り前に、父に白無垢の意味を教えてもらいました。

「茂之さんの好きな色に染めてもらえばいいんだよ」

何色に染めてくれたとお思いになります？

真っ赤に染めてくれたのですよ。もちろん、情熱的という意味ではないです。大ウソで染めてくれたのです。これがホントの真っ赤なウソですね。私の気持ちはいつもブルーでした。でも、思ったのです。色はいつでも染め換えられると。努力して、きれいなピンクやスカイブルーに染め直せばいいのだ、と気持ちを切り替えたのです。

「まじめにやっていれば、神様が必ず助けてくれるよ。努力すればなんでもできるのだからね」

くじけそうになったり、自分に負けそうになったときは、飯塚の父のこの言葉が脳裏をよぎり、私を励ましてくれるのでした。

●命がけの出産

カーニバルが終わり、やっとの思いで実家に帰ると、すぐに入院となりました。妊娠中毒症があまりにひどかったからです。先生は両親と夫を呼びつけると、厳しい口調でこう切り出しました。

「今の状態ですと、赤ちゃんはもちろんのこと、母体も危険です。赤ちゃんが無事に産まれたとしても正常とは限りません。いざとなったら、赤ちゃんと母体とどっちを助けますか?」

茂之さんは、おろおろしながら答えました。

「子どもはまたできるから、母親を助けてください」

まさか、夫の口からそんな答えが飛び出すなんて夢にも思っていなかった私は、愕然《がくぜん》として声も出ません。

「だいたい、あなたがそばについていながら、なぜこんなになるまで放っておいたのですか?」

さらに先生に詰問されて、茂之さんは謝るどころか私を怒鳴りつけたのです。

「自分の体じゃないんだから、そんなことわかりません。お前が悪いんだ!」

やさしさのかけらもない茂之さんの言葉にますます私は打ちのめされ、もう涙も出ませんでした。

みんなで食べるつもりでお寿司をたくさん用意していたのですが、ショックで私はひとつも食べられませんでした。それ以来、お寿司を見ると、あのときの切ない気持ちが思い出されて、しばらく食べる気にはなりませんでした。

お医者様は父の教え子でしたから、いろいろと細やかな配慮をしてくださり、私は危機を乗り越えて出産にこぎつけました。微弱陣痛で十三時間もかかりましたが、生まれたのは元気な女の子でした。

村山家の期待に応えることができなくとも、五体満足で生まれてきてくれただけでありがたくて、涙が止まりませんでした。茂之さんも実家の両親も、母子ともに無事だったことで心から喜んでくれました。私は電話で泣きながら、

「女の子ですみませんでした」

と義父母に謝りました。意外なことに、村山の両親は翌日見舞いに来てくれて、

「かわいい、かわいい」

と、ほっぺにキスの嵐です。きっと、初孫なので許してくれたのでしょうね。

子どもが生まれてから、私たちはパピー・マミーと呼び合うことに決めました。結婚してちょうど一年が経とうとしていました。

それからさらに半年後。私は激しい頭痛に見舞われました。

風邪薬や頭痛薬を飲んでもいっこうに治まる気配がないので受診すると、髄膜炎《ずいまくえん》という診断が下されました。

「言語障害が残ったり、半身不随になるおそれがあります。うちでは無理ですから、大きい病院を紹介しましょう」

今度は長女の美紀を実家に預けて、Nガンセンターに入院することになったのです。毎日両親が私の好物を携え、美紀を連れて会いにきてくれるのですが、抱く元気さえありません。頭が割れるように痛くて、歩くことも起き上がることもできないのです。私ができるのは、手を差し伸べてくる子どもに、涙を流しながら呼びかけることだけでした。

パピーはほとんど顔は見せないのに、病床の枕元に電話だけはかけてきて、

「土曜日に人手がないから手配しろ」

と命じるのです。私は横になったまま答えるだけです。

「はい、かしこまりました」

これしか言えませんもの。痛む頭を抱えて病院から教え子に電話を入れて、集まらないときはいつものように父に助けてもらいました。両親には迷惑をかけっぱなしでした。

検査もつらかったですね。脊髄《せきずい》から髄液をとって調べるのですが、痛くて痛くて泣き通しでした。私が飛び跳ねるので、看護婦さんが二人がかりで押さえつけての検査でした。はじめは二週間に一回、最後の方は毎週一回。

「明日、ルンバ（検査名）やります」

と看護婦さんが告げに来ると、夜も眠れないほどでした。ルンバはルンバでも、踊るルンバとは大違いです。

病気の原因は、過労とストレスでした。義父母をはじめ、夫や義弟、義妹、従業員などに気を遣い、人集めに気を遣い、そのうえに慣れない仲居さんの仕事もこなさなければならず、嫁として妻として母として極限状態だったのでしょう。

「少しゆっくり休まなくてはダメですよ」

と先生に言われ、結局、一カ月半の入院生活になりました

パピーは、いつでもそばにいて逃げない働き手がほしいからと考えて結婚したのに、私ときたらまったく役立たずの金食い虫。自分が情けなかったですね。それに、こんなに入院ばかりしていたら離婚させられるのではないか、と気が気ではありませんでした。これ以上両親を心配させたり悲しませたりしたくないので、どんなにつらくても離婚だけは避けたかったのです。

パピー自身は見舞いたい気持ちはあったようです。でも、義父母は、長男が嫁に甘い顔をするのを許さなかったのです。一度パピーに聞いたことがあります。

「義弟たちはしょっちゅう、夫婦で軽井沢とか熱海とかあちこち遊びに行くし、何をやってもうるさく言われないから羨ましいわ。どうして、私たちはダメなの?」

「次男、三男はホ・ウ・セ・ン・カの種と同じようなもので、いずれはどこかに飛んでいってしまうものさ。なんといっても長男がしっかりしていないとダメなんだよ。嫁さんの尻を追っかけてるようじゃ、商売がうまくいかないからね」

ホ・ウ・セ・ン・カの種とはうまいことをいうと私は感心したのですが、要するに私がいつも泣

いていれば丸く収まるってことなのね！

離婚のことも心配で、何度も問いただしました。

「私は役に立たないからもう追い出そうって、お義父様やお義母様と話し合ってるんじゃない？」

「そんなことないよ」

そのたびにパピーはきっぱり否定し、私は胸をなでおろすのです。

「お金ないのに、使わせてばかりでごめんなさい。そのうえ役立たずで申し訳ありません」

私が謝ると、

「マミーってほんとうにいい人だね。マミーほど素直な人はいないよ。気にするな」

と慰めてくれて、パピーにもいいところはあるのです。

●男か女か、それが問題だった

長女の誕生から二年たち、私はまた妊娠しました。

再び妊娠中毒症にかかりましたが、今回は早めに治療したので入院はしなくてすみました。気がかりだったのは、もちろん、男か女かということです。今度こそ男の子をという周囲のプレッシャーをひしひしと感じて、祈るような気持ちでした。でも、これればかりはいくら私が力んでもどうなるものでもありません。またしても女の子でした。私は、旅行中のパピーに消え入るような声で報告しました。

「女の子でした。すみません」

「いいんだよ。おれはどっちでも」

このパピーの返事に多少は救われましたが、内心は男の子を期待していたに違いないのです。私は心底から申し訳なく思いました。さすがに義父母には言いづらくて、パピーから伝えてもらいました。

次女を連れて湯沢に帰るときは、非常に気が重かったですね。予想どおり、長女のときとは打って変わって静かな祝膳でした。私が由紀と命名した次女を抱きながら、あなたが悪いんじゃないのにね、と泣いてばかりいました。

実家の両親は、

「元気な赤ちゃんなのだから喜ばなくちゃいけないよ。男の子でなければダメだなんてこと懸命に慰めてくれるのですが、私は責任を感じて落ち込む一方でした。男の子を産んでいる人が羨ましくてたまらなくて、すごく優秀な人に思えました。

その後も何かにつけて義父が、

「男でなくちゃダメだ、絶対男だ」

としつこく言うので、泣きながら夫を責めたこともあります。

「女の子が生まれるのは私のせいじゃない。パピーの方が悪いんだよ！」

「気にするな。おれはどっちでもいいんだから」

そんなときはやさしいパピーでした。

二十九歳のとき、三人目を身ごもりました。私は三十歳までには産み終えたいとひそかに思っていたので、ラストチャンスでした。

「二人も産んだのだから今度は楽よ。心配ないわよ」

と周りの人に言われましたが、私は出産直前までつわりに苦しみ、流産しそうになっては入退院を繰り返し、決して楽ではありませんでした。寝たり起きたりの生活で、子どもたちに母親らしいこともしてやれず、従業員の人たちが世話をしてくれていました。

つらかったですが、ふと思ったのです。今度は絶対男の子だわ、と。上の二人とずいぶん様子が違います。活発に動き回り、おなかをドーンと蹴《け》っているのがはっきりわかります。私は、パピーの耳元でささやきました。

「今度は男の子に間違いないよ。二人だけの秘密よ」

その後は慎重に行動するように気をつけました。待望の男子が誕生しそうなのに早産でもしたらたいへんです。

予定日は十一月二十四日でした。ところが、三週間も早い四日の昼ごろから、陣痛らしいものが起こり始めたのです。まさかと思いながら時計を見ると五分おきです。間違いない。私は慌てて義母に報告し、実家近くのいつもの病院に向かうため、パピーと一緒に車に乗り込もうとしました。

皆さん、聞いてください！　陣痛におそわれ、私はおなかを押さえて苦しんでいるのですよ。それなのにお義母様の見送りのお言葉ったら。

「桂子さん、男の子を産んでくださいね」

さすがに私も、「はい、かしこまりました」とは言えませんでした。

病院まで三時間半ぐらいかかりましたが、微弱陣痛でしたのでギリギリで間に合いました。着いたときには子宮口が四指まで開いていたそうで、危うく車中出産になるところでした。

午後九時ごろ、元気な産声が産室に響き渡り、ほっと一息つきました。でも、お医者様も看護婦さんもみんな、私が男の子を熱望していることを知っているのに、何も言ってくれないのです。また女の子だったのか……。鉛を飲み込んだような重苦しい気持ちになりましたが、一縷の望みを託して先生にそっとたずねました。

「どっちでしたか？」

「心配するな。よかったな。丸々した大きな男の子だよ」

この言葉を聞いたとたん、うれしさのあまり、私は人目もはばからずワンワン泣いてしまいました。

「先生、どうもありがとうございました」

先生は照れくさそうに、こうおっしゃいました。

「おれがこさえたわけじゃないんだけどねー。でも、お礼を言われるとうれしいよ」

看護婦さんたちも医局の人たちも、笑顔で祝福してくれました。

「村山さん、よかったね。かわいい男の子だよ。本当におめでとう」

予定日よりも二十日早く生まれましたが、三千七百五十グラムもありました。あとで知ったのですが、胎盤の出が悪く、その処置に手間取っていたので、すぐに性別を教えてもらえなかったようです。

これでもう子どもを産まなくていい、出産の苦しみから解放されると思うと、心の底から喜びがこみ上げてきて、涙がとめどなく流れ……。初産のときに妊娠中毒症の恐怖を味わい、二度と産みたくないと思ったのですが、男の子を授かるまではとがんばってきたのです。

病室にパピーが入ってきたので、

「男の子だったよ」

と疲れ果てた声で告げると、喜んだこと、喜んだこと。

「よかったね、がんばったね」

何度も私の頭をなでてくれました。口ではどっちでもと言ってくれていましたが、やっぱり男の子がほしかったのですね。私は泣きっぱなしで、その夜は興奮して眠れませんでした。


湯沢の村山家は喜びにわいて一晩中酒盛りをして祝い、実家の両親はこれで責任が果たせたと、泣いたそうです。

●バカになるなら死んでくれ

パピーは、育児は私にまかせっきりでした。ちょうどスエヒロ旅館から湯沢グランドホテルへと大転換を図っていたころで、実質的に陣頭指揮をとっていたパピーには、家庭をかえりみる余裕なんてまるでなかったのです。

私一人で三人の子どもを育てるのはたいへんな重労働でしたが、

「大切に育てなさい。子どもは親が育てるのがいちばんだよ」

という飯塚の両親の教えに従って、私は奮闘しました。

もっとも難しかったのは、仕事との両立です。三人の子持ちになったからといって、専業主婦というわけにはいかないのです。土・日や繁忙期、朝になったら仲居さんが雲隠れしていた、などというときは、私が助っ人に行かなければなりません。そのころはホテルのすぐ前に住んでいましたので、子どもたちを早めに寝かせるために熱いお風呂に入れ、

暗幕をしめて、

「みんなおとなしく寝ていてね」

と、後ろ髪引かれる思いで出かけたものです。仲居さんをして、皿洗いをし、翌朝のセットをすませ、すべて終わるのが夜十一時半ごろ。急いで帰ると、子どもたちの頬に涙の跡が白く残っているのです。ベッドから転がり落ちていることもありました。

「ごめんね。ごめんね」

すぐに抱きあげ、私も泣きながら頬ずりしたり、小さな身体を抱きしめたものです。それから洗濯をしておむつを替え、毎晩床につくのは夜中の一時ごろでした。このときの切ない気持ちを思い出すと、今でも涙がこぼれます。

ゆっくり母乳を飲ませている時間がないのであえてミルクで育てたのですが、仕事中に子どものことを思うと、おっぱいが張ってくるのですね。そんなときは、漏れないように胸にタオルを当てました。ずいぶんすばらしい胸だな、とお客様は思っていらしたかもしれません。Dカップぐらいはあったでしょうか。

おそろしい事故が起こったのは、そんなある日のことでした。息子の秀明は一歳八カ月で、ちょこまか動き回り、かわいい盛りでした。

「ヒコが落ちたー」

由紀の叫び声を聞いて、二階にいた私は凍りつきました。何事なの？　急いで階段を下りようとするのですが、足がガクガクして進まないのです。一瞬、ヒコの泣き声が聞こえたように思い、ちょっと胸をなでおろしました。しかし、現場に駆けつけた私が見たものは、お客様に抱かれてぐったりしていた息子の姿でした。

息子は、大好きな従業員が庭仕事をしているのを見つけて、二階の窓から身を乗り出したはずみに網戸がはずれ、一緒に真っ逆さまに落ちてしまったのです。

「ど、ど、どうしよう……」

救急車の中で、パピーも私もパニックになっていました。パピーは私を怒鳴り続け、私はただただ泣きわめくばかり。

血の気が失せ、ピクリとも動かない息子の小さな身体を揺すりながら、

「ヒコ！　死なないで！　ごめんね、ごめんね……」

と泣き叫ぶ私の横で、パピーは、

「バカになるんだったら死んでくれ！」

って叫んでいるのです。救急隊の人もびっくりしたと思います。子どもに向かって、

「死んでくれ！」なんて言うんですもの。

レントゲンの結果は、頭蓋骨《ずがいこつ》骨折でした。

「今晩が山ですね」

この医師の言葉に、また涙があふれて止まりません。私が目を離しさえしなかったらこんなことにならなかったのに……。もし万一のことがあったら、この子がどんなに痛かったか、私も同じように二階から落ちて死のうと本気で思いました。

「神様、どうか助けて！」

私はひたすら祈りました。パピーに支えられるようにしてよろよろと病室に戻ると、驚いたことにヒコが目を開けて私を見たのです。そして、

「マミー、パイパイ（ミルク）」

と言うではないですか。

「気がついたの？　ヒコ！　ヒコ！　マミーがわかる？」

息子を抱きしめてうれし涙にくれたあの瞬間を、私は一生忘れないでしょう。おかげさまで息子は順調に回復し、十日間ほどの入院ですみました。

退院して数カ月経ったころ、息子に積み木で字を教え始めました。教育ママだったので

す、私。ヒコは非常に飲み込みが早く、次々に覚えました。夕方になってホテルの駐車場が満車になると、それぞれの車のナンバープレートのひらがなを、「ね」「よ」「の」などと拾い読みするのが日課になりました。ついでに数字を教えたら、またすぐに覚えてしまったのです。あまりに早すぎるので（だってまだ一歳十カ月ぐらいだったのですよ）、頭を打ってどこかおかしくなってしまったのではないかと心配になり、お医者様に聞きに行きました。

「ケガの後遺症ではないでしょうか?」

「心配ないですよ。ケガは大きすぎましたけど、脳にとってはいい刺激になったのでしょう」

先生が笑いながらこうおっしゃったので、一安心いたしました。

その後、息子は将棋や囲碁に関心をもち、高校時代にはいろいろな大会で大人を抑えて優勝するまでになりました。これも、ケガの功名なのでしょうかね。

●パピーが月、マミーが太陽

今申しましたように私は教育ママでしたし、どこに出しても恥ずかしくないような子に育てたいと願っていましたので、私なりにしつけと教育には心を砕いてまいりました。一般に、商売をやっているとなんでもおおざっぱになり、金遣いも荒くなりがちです。私は自分が育てられたように、子どもたちを育てたいと思ったのです。

そのため、宿題は学校から帰ったらすぐにやらせて、夜八時には寝かしつけるようにしました。外泊は御法度。お小遣いも必要以上は渡さず、買い物は一緒に行くという姿勢を大学入学まで貫いたのです。

授業参観はもちろんのこと、学校行事にはできる限り参加し、ＰＴＡの役員も積極的に引き受けてまいりました。学年が三つずつ違っていましたので、長男の中学受験、次女の高校受験、長女の大学受験が重なり、卒業式、入学式と走り回ったこともあります。でも、苦にはなりませんでしたね。子どもたちが素直にすくすく育ってくれることが、私たちの将来の幸せにつながると信じていましたから。

私は、子どもたちに常に言い聞かせていました。

「家庭の中ではパピーが月、マミーが太陽、あなたたちは星よ。太陽が明るく輝いてると、三つの星も明るさを増すでしょ。それを月が静かに見守ってくれているのだからね」

問題なのは、太陽と星はいつも仲よく輝いているのに、月が陰《かげ》ってしまっていることでした。パピーは、仕事、仕事で、家にいることはほとんどなかったのです。

父親の存在をアピールするために、私は子どもたちに何かを買い与えるときは、必ずこう教えました。

「これはパピーがお金を出して、マミーが買ってあげたのよ」

「姿は見えなくても、あなたたちのために一生懸命パピーは働いてお金を稼いでくれているんだよ。だから、パピーの言うことは絶対だからね。口答えなんかしてはいけません」

我が家では、どんなときもパピーが一番、マミーが二番、それから子どもたち、と叩き込んだのです。ただ、食べることだけは平等にしたいと思っていました。実家の母がいつも残りものを食べているのを見て、子ども心に非常に気を遣ったので、私は人数分を作って一緒に食べようと決めていたのです。

あるとき、こんなことがありました、いただいたケーキが一個だけあまったのです。すると、子どもたちは口をそろえてこう言いました。

「マミー、食べなよ」

三人ともケーキが大好きなのです。本当は自分が食べたいだろうに……。子どもたちのこのやさしい言葉を聞いて、私の教育は間違いではなかったと、しみじみ思ったものです。

「みんなで一口ずつ食べよう」

私はスプーンで一口ずつそれぞれの口に入れてやり、最後の一口を自分で食べたのでした。やさしさがプラスされて、よりいっそうおいしいケーキとなりました。

食べることといえば、我が家にはこんな自慢料理があるのですよ。子どもってよく聞きますよね。

「今日の晩ご飯なあに？」

すでにメニューが決まっているときは、カレーだよとかハンバーグだよ、とすぐに答えますが、思案中のときはこんなふうに言います。

「フルコース・ワンよ」

たまたまスーパーでこの会話を耳にはさんだ方が、

「さすがグランドさんね」

と感心した様子で言うので、正直にこう話しました。

「とんでもない！　たいした料理じゃないのよ」

名前だけはりっぱですが、実態はこうなのです。

フルコース・ワン……納豆ご飯

フルコース・ツー……卵かけご飯

フルコース・スリー……桃屋のごはんですよ！

スペシャルコース……猫まんま

「猫まんま」って何？　という方のために、レシピをご紹介しましょう。

まず、かつおぶしとシラス干し、適当な大きさにちぎった焼き海苔を混ぜます。次にうま味調味料とお醤油をかけてさらに混ぜます。それをご飯にのせていただくのです。簡単でしょ？

どのコースも魚沼産のコシヒカリさえあれば、十分においしく食べられる究極の手抜きメニューです。とくに、スペシャルの「猫まんま」は、冷奴の薬味としても使えるというスグレモノ。ぜひお試しあれ。

息子が小学生のとき、これを作文に書いて先生と父母に大受けしました。私はすばらしいアイディアと思っていましたから、恥ずかしいなんてみじんも思いませんでしたね。

料理については、子どもたちから学んだこともあるんですよ。やはり小学生のころのこと、たまには豪勢にと思い、板前さんに頼んでごちそうをたくさん用意してもらったのです。ところが、三人ともなかなか手をつけません。

「どうしたの？　いっぱい食べてね」

と声をかけたら、息子が言ったのです。

「ぼくは、こういうのよりマミーが作ってくれたおかずの方がいい」

とってもうれしかったですね。私は自分の浅はかさを反省しました。どんなごちそうよりも、愛情のこもった手料理の方がいいに決まってますよね。ごめんね。それ以来、

「何もないけど家でゆっくり食べようか」

が、私の口癖になりました。

私は、「病気のデパート」と言われるぐらい次々に病気にかかり、子どもたちには寂しい思いをさせました。長女出産後の髄膜炎、その後遺症の頭痛、中耳炎、急性膀胱炎《ぼうこうえん》、ヒコが小学校に入ったときには胃かいようで入院と、病気とは縁が切れませんでした。子どもたちにも村山家にも申し訳なく、なんで私だけ、と恨めしく思ったものです。

見舞いに来た子どもたちに、

「マミー、マミー」

と泣かれて、ずいぶん切ない思いもしました。病室の窓から姿が見えなくなるまで手を振り、私も一緒に泣いていましたね。

病気のときはいつも、実家の両親が子どもたちを預かってくれました。ホテルの繁忙期もそうです。私は仲居さんとしてフル回転しなくてはいけませんから、子どもの世話どころではなくなるのです。

「私たちが全面的に協力するから心配しないで。桂子は少しでも休みなさい」

どんなときもイヤな顔ひとつせず、両親は私を助けてくれました。いくらかわいい孫とはいえ三人もですから、さぞ体力も神経もすり減らしたことでしょう。それもたびたびのことでしたから。本当に感謝の言葉もありません。でも、パピーは一度だって、両親に感謝の気持ちを表してくれたことはありません。ホテルがいちばん苦しい時期に、何度も窮地を救ってもらったのに……。

仕事にかこつけて、父親らしいこともほとんどしてくれませんでした。大学の入学式と卒業式だけは出席してくれましたけどね。家族旅行もめったにしませんでした。ですから、夏休みの絵日記に書くことがなくて困ったものです。子どもたちに頼まれてようやく重い腰を上げて、東京見物に出かけたことがありましたが、ちょっとでも気に入らないことが

あると、

「お前たち、勝手にすれ！」

と、へそを曲げるので、結局は私が一人で子どもたちを連れて歩くハメになるのです。

私も子どもたちも、何かといえば怒鳴りつけるパピーに気を遣い、常にピリピリしていました。とくに長女はこわがって、パピーとあまり話をしませんでした。彼女の結婚式の際、最後にパピーが村山家代表として挨拶をすることになっていたのですが、パピーはこう言ってマイクを私に譲りました。

「私は何ひとつ子育てをしていないので、挨拶する資格がありません。マミーにバトンタッチします」

感無量でしたね。いろいろ至らない点はあったと思いますが、子育てに関しては大成功だったと自負しています。誕生日はもちろん、母の日には、必ず三人からプレゼントが届きます。長女は私が苦労して泣いているのをしょっちゅう見ていましたから、毎年涙ふきのハンカチセット、次女は私が好みそうなおしゃれな小物、息子は、「いつもお世話になっています。体に気をつけて」という元気な声、を贈ってくれます。父の日も同様です。

私は父の日のパピーへのプレゼントは、ネクタイと決めています。あんまり腹が立つときは、これで首をきゅっと絞めてあげようかなと思ってね（と言うとパピーは笑っています）。仲よしのときは選んであげたり、直してあげたり。センスバツグンの私からのプレゼントですから、パピーはいつも満足顔。

「ありがとう」

って素直に喜んでくれています。まったくおかしなカップルでしょ？

第四章　女将デビューしたものの……

●社長としては凄腕だった

家庭もかえりみないパピーが全力を傾けたおかげで、湯沢グランドホテルは飛躍的な発展を遂げました。

私が嫁いだ昭和四十五年ごろは、湯沢は雪が多く、スキーのメッカとして知られていましたが、人けの少ない、ひなびた町でした。「国境の長いトンネルを抜けると雪国であった」で知られる、川端康成先生の小説『雪国』の舞台は、この越後湯沢なのです。今は上越新幹線も開通し、東京からわずか一時間二十分と便利になりましたが、当時は四季折々の美しい自然だけがとりえの田舎町でした。

スエヒロ館も、とりたてて特徴のない小さな旅館だったのです。給料日も何日とは決まっていなくて、支払いや税金の滞納なんて日常茶飯事。私は朝早くから夜中まで働いて、お小遣い程度の賃金をもらっただけでした。あまりにも悲しくなってきて、

「話が違うんじゃない？　百万円はどうしたの？」

とついこぼしてしまうと、パピーはシャーシャーとこう答えました。

「おれはやるとは言ってない。百万ぐらいなら、いつでも銀行から借りてこられると言ったただけだよ。くれるとは言ってないよ！」

当てはずれはお互いさまでした。パピーは私の体力を見込んで結婚したのに、入退院の繰り返し。具合が悪くなると露骨にイヤな顔をするので、私は身の置きどころがなかったですね。好きで病気になっているわけじゃないのに。こんなはずじゃあなかった、というのがお互いの正直な気持ちだったでしょう。

ところが四十八年、このスエヒロ館に転機が訪れたのです。一つの地域に一つの宿泊施設にしかつけられない「グランド」を冠して、『株式会社　湯沢グランドホテル』と改称したのがきっかけでした。

三十六歳の若さで社長に就任したパピーは、次々に斬新なアイディアを出し、義弟たちの強力なサポートも得て、客足をグングン伸ばしました。時代の波に乗って増改築を重ね、湯沢グランドホテルを急成長させたのです。銀行からの借り入れも目の玉が飛び出るほどになり、サラリーマン家庭で育った私には想像もつかない世界でした。

もちろん、私は経営に参加することなどありません。単なる仲居さんなのですから。それでも少しでもパピーの力になれればと、身を粉にして働きました。人手不足も相変わらずで、拝み倒してやっと来てもらっても無断欠勤、どうしたことかと部屋をのぞきに行くともぬけの殻、というようなことが頻繁に起きて、そのつど私は仲居さんとなって穴埋めしなければなりませんでした。

困り抜いたある日、私はひらめいたのです。就職担当の先生に頼んで新卒者を採用すればいいのでは、と。最初はお願いに行っても相手にされませんでした。旅館というと水商売のイメージが強いらしく、「そんなところに生徒をやれるか」とけんもほろろに追い払われました。しかたなく、知り合いの先生方や父母に頼んで、一人、二人と連れてきたものです。

まもなく、全国の高校に求人募集を出すことになりました。旅館では初の試みでした。この作戦が功を奏して、ぞくぞくと新卒者が集まるようになったのです。バブル絶頂期には、八十名ほど採用しました。高校新卒者の大量採用は旅館としては珍しいことでしたので、テレビやマスコミで何度も紹介されました。

パピーの社員教育は徹底しております。

お客様に対する礼儀作法、言葉遣い、上司に対する接し方などを、できるまで叩き込むのです。やる気のない者は即刻退社させ、まじめで素直な子だけを残しました。女の子には手鏡を持たせて、笑顔の練習もさせます。マニュアルを覚えたかどうかも厳しくテストします。不合格の場合は、合格が出るまで何度でもテストを受け直さなくてはなりません。この試練を乗り越えた者だけが、お客様の前に出ることができるのです。

大切なお子様をお預かりするのですから、気持ちよく働いてもらうために、快適な寮も用意しました。すべて個室です。がんばってもらうのですから、社員にできるだけのことをするのが私どもの役目だと考えております。

社長として、パピーは常々このように申しております。

「社員教育がいちばん大切である。よりよい人材を集めることによって、会社が繁栄する」

おかげさまで、お泊まりいただいたお客様に、

「ここのホテルは若い社員が多いのに、みんな礼儀正しくて教育が行き届いているね」

と、よくおほめの言葉をいただきます。

「女将さんが教育してるの？」

とも聞かれるのですが、まだこのころは女将は置いていなかったので、社長がすべて仕切っておりました。パピーは、チャレンジ精神旺盛で、「有言実行」「即決実行」タイプで

す。

「みんな、おれについてこい！」

自信に満ちたパピーの勇姿は、いつ見てもほれぼれします。私は心の中で、（パピー素敵、がんばってね！）とエールを送るのです。社長としてのパピーの力量は誰もが認めるところです。私も心から尊敬しております。でも、忘れないでほしいのです。パピーが社長業に専念できたのは、私がしっかり家庭を守ったからだということを。現在の繁栄があるのは、私と父が懸命に頭を下げて人を集めてきたからだということを。

多くの人に支えられてきたのです。義弟や義妹も力を貸してくれました。次男は平成元年に湯沢町町長となってホテルからしりぞきましたが、三男は専務、義妹は社員として盛り立ててくれました。専務は用度（仕入れ）、設備関係をしっかり守ってくれました。義妹は頭が切れるし、行動力もあるし、すばらしいパワーの持ち主です。彼女が如才なく切り盛りしてくれたおかげで、ずいぶん助かりました。私には義妹のような才覚はないので、いつも感心するばかりです。マネージャー的存在でした。

でも、ひそかに思うのです。私だってひとつぐらいは勝っていることがあるよねって。彼女はその才能がじゃまをして家庭におさまりきれず、すぐに離婚したけれど、私はまだ耐えてるもんってね。でも、また思うのです。彼女の方が賢いのかなあ？　早く決断して。義妹もいつも言ってくれるのです。

「お義姉さんてすごいね。よ〜く別れないでいてくれるよね」

そばで耳をダンボにして聞いているパピーは、こう混ぜっ返すのです。

「パピーはマミーをいちばん愛しているもん。別れるわけないだろう」

ホントなの、パピー？　気持ちいいわ。もう一回言ってくれない!!

●男の勲章ってなんのこと？

上越新幹線、関越道が開通し、東京からのアクセスがよくなるにつれ、自然に恵まれた湯沢にはリゾートマンションが次々に建つようになりました。湯沢温泉は全国的に有名になって、一時は「東京都湯沢町」とまでいわれたほどです。バブルのピークを迎え、大勢のお客様が押し寄せ、我がホテルも隆盛を極めました。

調子に乗ったパピーは、このころから毎晩どこかに出かけるようになったのです。

「仕事だ、仕事だ」

と言うので、はじめは素直に信じていた私ですが、しだいに（それにしてもこんなに毎晩なんておかしいんじゃない？）と疑念がふくらんできました。お酒は飲まない、タバコは吸わない、ギャンブル少々、となると、考えられるのは「女」しかありません。まさかと思いましたが、私の「女の第六感」が的中したのです。

なんと、寝ているパピーの首にキスマークがくっきり。

「パピー、ここに急にアザができるわけないよね？」

「相手が勝手につけたんだ。おら、知らねぇ～」

開き直るパピーの態度にキレた私は、腐ったみかんを顔面めがけて思いっきり投げつけてやりました。寝ていたところをいきなり起こされ、メガネもかけていなかったパピーはよけきれず、見事命中。翌日から「外出禁止令」を出しました。知った以上は許せなかったのです。やるならわからないようにやれ!!

バレた照れ隠しなのか、パピーは、

「浮気ができないような男は男じゃない。これは男の勲章だ」

「金を持ってないやつは首がないのと同じだ」

などと、意味不明なことをほざいていました。

しばらくして、突然、女の声で変な電話が入ったのです。

「奥さんにすまないことをしました。許してください」

問いつめると、パピーと何回も浮気をしていたと言うのです。しかも、彼氏にも浮気がバレてしまったとのこと。男はいいカモにしようと思ったらしく、翌日から四六時中、無言電話で攻撃してきました。三日ぐらい続いたでしょうか。眠れなくて疲れるし、パピーの顔は見たくもないし、誰にも言えないし、私にとっては苦しい日々でした。パピーはこんな大事になるなんて、夢にも思っていなかったらしく、

「彼氏いるの？　と聞いたら、『いる』って答えたから、安心だと思ったんだ」

と、言いわけにもならないことをのたまって、おろおろするばかり。浅はかの一言です。逆に女に手をつけたと言いがかりをつけられ、脅迫されているのですからね。

その日も、電話がけたたましくしつこく鳴り続けたので、私は勇気を奮い起こして怒鳴りつけてやりました。

「いいかげんにしろよ！　なんの目的でやってるんだ、お金か？　要求額はいくらだ」

「百万円」

「すぐ払うよ。でも、よく聞けよ！　私はそれ以上を要求するからね。あなたは独り者だけど、私には三人の子どもがいて、これが原因で家庭が壊されるんだから、それぐらい当然でしょ！」

心臓がバクバクして口から飛び出そうでしたが、家庭を死守しなくてはと夢中でした。それ以降、ピタッと電話はかかってこなくなりました。マミーの勝ち！

傍らで聞いていたパピーは、

「マミーってすごいね。見直したて」

と、目を丸くしています。それでも「もう浮気はいたしません」とは決して言わないパピーでした。だいたい不器用な人で、電球の球ひとつ取り替えられないのに、「女」だけはいとも簡単に替えられるのですから不思議ですよね？　今度やったらのし付けて、喜んで差し上げましょう。

数日後、知人に耳打ちされたのです。

「ご主人が美しい若い女性を二人も連れて歩いてるの、見たわよ」

また？　と思ってよくよく聞いてみると、それは私の自慢の娘たちでした。

「マミー、心配するな。妻の座がゆらぐことはないのだから」

とパピーは言うのですが、だからOKってもんじゃないでしょ。浮気が男の勲章だなんてふざけんじゃない！と私は思うのですが、世の殿方、皆様方はどのようにお考えでしょうか？

●証書はどこに？

私が嫁いで三、四年たったころだったでしょうか。こんなこともあったのですよ。

ある日突然、お義母様にこう言われて、息が止まるほど驚きました。

「桂子さん、あなたに預けた八十万円の証書を返してちょうだい」

私には、まったく身に覚えのないことです。

「私は、証書なんてお預かりしていません」

「私は確かにあんたにやったよ。確かに預けた」

いくら知らないと言っても聞く耳を持ちません。お義母様は、断固とした口調で渡したと言い張るのです。

人間って不思議ですよね。やった、やったと何度も言われると、ほんとうにそうだったような気になってくるのです。私は、そんなはずはないと思いながらも不安になって、貴重品をしまっておきそうな場所を探し回りました。でも、当たり前のことですが、どこからも出てきません。

「桂子さんはなんでもすぐに捨てるから、新聞と一緒に燃やしてしまったのでしょう？桂子さんには大切なものは預けられねえて！」

お義母様は私を完全に犯人扱いして、パピーはもちろん、義妹や娘にまで言いふらして歩くのです。私はパピーに頼みました。

「私は預かっていません。お義母様にパピーからはっきり言って」

「わかってる。お母さんの勘違いだろ。深く考えないで言ってるだけだから」

パピーは一応話してくれたのですが、

「夫婦だから、桂子さんの肩もって」

と、お義母様に切り返されると、それ以上は何も反論できないのでした。私は、三日三晩眠れず、食べられず、どうすればいいかわからなくなって、泣きながら実家に電話をしました。ふだんは穏やかな父ですが、このときばかりは憤り、強い口調で励ましてくれました。

「預かっておりませんとはっきり言いなさい。なんだかんだ言ってきたら、私が怒鳴ってやる。桂子は私の育てた自慢の娘だ、人の物を盗るような育て方はしていない！　とね」

お義父様にもお願いしました。

「お義母様に、桂子じゃないと言ってください」

「だいじょうぶだよ。お母さんの勘違いだよ」

私はお養父様に、すぐに銀行にストップをかけるようにこん願し、すぐさま私の気持ちを受け入れてくださったのです。

それから三カ月ほど経ったころでしょうか。

「桂子さん、お母さんが呼んでるよ。すぐに行きなさい」

お義父様が呼びに来てくれたのです。

「お義母様、何かご用ですか？」

たずねると、お義母様はしらっとこう言いました。

「桂子さん、証書あったて。私のタンスの中に」

「ああ、よかった。私じゃなくて」

心の底からうれしさがこみ上げてきて、私はひさびさに晴れやかな気分になりました。

それにしても一言ぐらい、「ごめんなさい、悪かったね」と謝ってくれてもいいのに。失礼ですよね。私は心配している実家の父にすぐに電話をかけました。

「お義母様のタンスから出てきたよ。でも、ごめんの一言もないのよ」

するとと、父はこう言って慰めてくれました。

「きっとお義母さんも悪かったと思っているよ。素直に言えないだけだよ。今まで以上に桂子に対する信頼が深くなったのだから、よかったじゃないか。今日はゆっくり休みなさい」

義妹たちはあきれ顔でした。

「お義姉さんって、ホントに気がいいんだね。ふつう、あれだけ言われればもっと怒るよ。私たちなら一、二年は許さないね」

私にしてみれば、潔白が証明できただけで十分だったのです。この三カ月、いつも証書のことが重石のように頭に乗っかっていて、気が晴れることがなかったのですから。

こんなに気丈で美しかった義母も、十年間の長い闘病生活の末、平成六年三月十二日に他界いたしました。入院中は家族全員が協力して、精一杯の看病をいたしました。

最後にはお義母様も私を認めてくださり、何度も言ってくれました。

「桂子さんが茂之の嫁さんでほんとうによかったて。明るくて気だてがよくて、なんといっても顔が広いしね。体に気をつけて、がんばって湯沢グランドホテルを支えてくださいね」

私から見れば、「お義母様」のようなこんなに幸せな方、そうおられませんでしたね、私の身辺には……。何もかも至れり尽くせりでしたから……。それだけ「お義母様」が、がんばられてきた「証」ですよね。「桂子」もがんばろう……。イヤ、がんばらなければ……。

●遅咲きの女将誕生

証書紛失も浮気も腹立たしい出来事で、傷つかなかったといえばウソになります。でも、このあとの騒動に比べればまだましだったのです。

ある日、何気なく週刊誌を開くと、

「湯沢グランドホテル女将募集！」

の、字が躍っていたのです。私は目を疑いましたね。何かの間違いだろうと思い、パピーに聞きに行きました。すると、予想すらしていなかった言葉が返ってきたのです。

「うちには女将がいないから、幹部社員と相談して募集することにしたんだよ」

「なあに、それ。どういうこと？」

いくらお人好しのマミーでも、これには怒りましたね。

「冗談じゃないわよ！　私はよくても、うちの両親が知ったらどんなに嘆き悲しむことか。いかにも桂子はダメと言わんばかりじゃない」

父は、会うたびにこう諭してくれていたのです。

「桂子も将来は女将としてやっていくんだ。その日のために、皆さんによく教えていただいて、勉強に励みなさいよ」

両親は私が女将になると信じているのです。いつか晴れ姿を見られると楽しみに待っているのです。

「父や母の気持ちを思うと、いくらパピーでも許せないわ。私に黙って女将を募集するなんて」

泣きながら私は訴えました。

「おれはそんな気持ちでやったんじゃない。おれが人前に出るのが嫌いだから、きっと桂子もそうだろうと思ったんだ。お前が酔っぱらいにからまれているのを見るのもイヤだし」

パピーも涙を流しながら、必死に弁明します。でも、そんな話はとうてい信じられません。それならなぜ、募集の前に私の意思を聞いてくれなかったのでしょう。私には商売なんてできないと思っているに違いないのです。私はひとつの条件を出しました。

「最後の決定権は私にください」

募集してしまった以上、応募者を放りっぱなしにはできません。まず社長と幹部社員が面接し、私が最終面接を行って採否を決めるということで話をつけたのです。幹部社員はこれぞと思う女性を四、五人送り込んできましたが、みんな見栄えがいいだけのチャラチャラした人ばかりでした。いったいどこを見てるんだか。もちろん、私ははじめから誰も採用する気なんてまったくありませんでした。

「全員ダメ！」

またもや照れ隠しなのか、パピーはこんな強がりを言うのです。

「久しぶりに目の玉の掃除ができてよかったわい」

世は女将ブームで、メディアがこぞって美人女将特集などを組んでいた、バブル絶頂期のことでした。

私の猛抗議によって、女将の件はひとまず落ち着いたのですが、社員の間から、

「奥さんに女将さんになってほしい」

という声があがり、また周りの女将さんたちからも、

「あなたほどの人がなんで仲居さんなの？　あなたが女将さんになって出なくちゃ。これだけの構えをもつホテルなのだから」

と背中を押されることが増えてきました。

さらに、こんな声も聞こえてきました。

「女将を募集したってむだ。あの社長についていけるのは奥さんしかいない」

その声が聞こえたのかどうか、そろそろ女将をやってみたらとパピーもすすめてくれたので、私は、長男の高校入学を機に女将デビューすることにしたのです。

平成四年十月三日、遅咲きの四十五歳の女将誕生でした。早速、パピーと二人で実家の両親に報告に行きました。

「長らくお待たせいたしました。子育てが一段落しましたので、このたび女将としてやっ

ていくことになりました。これからもどうぞよろしくお導きくださいますよう……」

さまざまな思いが去来し、胸がつまって最後は言葉になりませんでした。

「おめでとう。よかったね。これからは仕事に専念し、今まで以上に他人様に気を遣い、頭を下げることを忘れないように。常に他人様に感謝の念を持ちなさいよ。身体に気をつけてがんばりなさい」

心に染みる父の言葉でした。帰り際に「着物の一枚でも買いなさい」と耳打ちし、御祝儀をポンと胸元に入れてくれ、目を細めながら喜びを表してくれた父。私の大好きな父の粋なはからいでした。傍らで深々と頭を下げる母。「がんばるのよ、桂子」という母の無言の思いがひしひしと伝わってきました。やっと桂子の時代が来たと、両親は喜んでくれたでしょうか。

嫁入りするときはわずかしか用意できなかったからと、女将になってから、両親は一枚、二枚と着物を作ってくれました。申し訳ない気持ちでいっぱいでしたが、女将としてはつらつと仕事をしている私を見るのが両親のいちばんの楽しみであり、誇りでもあったようです。

●猛烈なしごきが待っていた

義母は人前に出るのが嫌いで女将にはなりませんでした。だから、私が女将デビューしたといっても、誰も教えてくれる人はいません。自分で道を切り開かなくてはなりませんでした。女将としての初めての仕事は、お客様のお出迎えでした。胸をときめかせながらいつもよりハイテンションで、

「ようこそ、いらっしゃいませ！」

今日から湯沢グランドホテルにも女将がいますよ、というPRも含めて、私は張り切ってご挨拶を始めました。当初は一部屋ずつ客室も回っていたのですが、談笑中やくつろいでいる最中におじゃまするのはかえってご迷惑とさとり、宴会場だけに絞るようにしました。元来社交的な私は、お客様との触れ合いが楽しくてなりません。お客様の喜びが私の喜び、笑顔が最高のおもてなしと信じて、誠心誠意務めました。女将になった充実感が私を満たし、今まで以上にホテルの発展のために力を尽くそうと、私は燃えていました。

ところが、デビューした私を待ち受けていたのは、やる気もなえる社長の猛烈なしごきだったのです。

パピーはせっかちで負けず嫌いですから、一日でも早く一人前の女将にと思ったのでしょう。私を見ると、ものすごい剣幕で怒鳴りつけるのです。

「女将、何やってるんだ！　どこを見てるんだ」

「お前は女将なんだぞ！　女将は全体を見るんだ。お前自身が動いたら周りが見えないだろ。社員を使え。何ボヤボヤしてるんだ！」

誰だってはじめから完璧にはできないわよ、と思いながらも反論はできません。社長の言うことは絶対です。私はどうしていいかわからず、ただただ右往左往するばかり。

すると、さらに雷が落ちてきます。

「何やってんだ！　給料分の働きをしてないぞ」

「挨拶なんて仕事じゃない！」

「お前がバカだから、社員が動かないんだ。それでも女将か！」

連日、この調子ですからたまりません。全社員の前でも、昨日、今日入社してきたばかりの社員の前でも怒鳴りつけるのです。

「女将なんて能なしで、何もわかってないんだ。おれの言うことを聞いていればいい。わかったか！」

社員の全体会議やミーティングのときに、バカだ無能だと罵られ、怒鳴られる私の身になってください。それも三十分も一時間も。新入社員は社長の言葉を鵜呑みにして、言うことを聞かなくなってしまいます。「いいかげんにして」と喉まで出かかった言葉を呑み込んで、私はただ泣くだけでした。社員はもちろん何も言えず、嵐が過ぎ去るのをただただ待っています。ワンマン社長には誰もさからえないのです。社長が「白」と言えば、黒いものでも「白」と言わなければいけないのですから。

会社にいるときだけならまだいいのです。私は何度頼んだかわかりません。

「社長をするのはホテルにいるときだけにして。家に帰ったら村山茂之に戻って……ねえ、お願い!!」

でも、パピーの頭の中は、ほとんど仕事で占められているので、私の言葉は届かないのです。

私は帰宅すると着物も脱がないで、まず鍋に火を入れます。パピーがおなかが空いているだろうと思うから少しでも早く食べさせてやりたくて、仕込みを先にするのです。それ

から着替えて手早く調理をし、

「できたよ。パピー食べよう」

そんなときに、会社からキャンセルやクレームなどが伝えられたら、もうたいへん。

「お前、今日、フリー何組入ったかわかってんのか？」

「二組でしょ？」

「バカ、キャンセルだぞ。入らないぞ」

で始まり、

「お前、社員をまたボーっとさせて。うまく使えって何度言ってもわからんやつだな。一日に人件費がいくらかかってるのかわかってんのか！」

「お前がしっかりしないからだ！」

怒りはどんどんエスカレートしていき、山本リンダの歌じゃないけれど、「もうどうにも止まらない」状態になるのです。パピーはご飯を食べながら、気がすむまで罵声を浴びせ続けます。私はじっとうつむいて涙をポタポタ落とすだけです。魚沼産コシヒカリの炊きたてのご飯は、ちょうどいいあんばいの「涙のお茶漬け」に早変わり。私は、食べる気力もなくなり、その場から逃げるのが精一杯になってしまうのです。

もう顔を見るのもイヤになり、数日口をきかないこともしばしばありました。オムレツを作って、ケチャップで「バカ」とか「キライ、キライ」と書いてやります。すると、パピーは一応反省して、

「マミー、ごめんね」

と言いながら、謝り賃を持ってくるのです。

「これでなんか買って。おれからこれとったらいいとこないもんな」

「そうだね」

「マミーってそういうとこ、素直だね」

と笑って仲直り。今度は「大スキ」と書いてあげるのです。

でも、平穏は長くは続きません。また翌日、私がお客様にご挨拶していると、

「ちょっと、ちょっと」

と社長が呼びます。

「お客としゃべってんじゃない。挨拶なんて仕事じゃない。社員をもっと動かせ。お前が動くんじゃない。バカ！」

「もっとコストを考えろ。お前、経理をやってみろ。そしたらおれの苦労がわかるから」

「そんなこと急に言われたって……」

「うるさい、やれと言ったらやれ！」

また、延々と怒鳴られるのです。笑顔と楽しいおしゃべりでお客様をお迎えするのが、そんなにいけないことでしょうか？　ホテルでも家でもこれでは私は逃げ場がありません。おまけに、社長が外出するときは車で送るのですが、その間も運転中の私を罵り続けるのです。ときには涙で前が見えなくなってしまうのです。

子どもたちはみんな東京の学校に進学し、家に帰ればパピーと二人……。いつ爆弾が炸裂するかわかりません。一緒にいると動悸が激しくなり、胃がキリキリと痛み出し、夫婦水入らずどころか、針のむしろに座っているようです。私は心身ともに疲れ果て、涙が乾く暇もありませんでした。

それでも、実家の両親には一切愚痴はこぼしませんでした。女将になったときあんなに喜んでくれたのに、心配させるようなことは言えませんもの。何を聞かれても、

「うまくやっているから、だいじょうぶよ」

と笑顔で答えるのですが、両親は私のカラ元気を見抜いていたのです。だって、私は実家に帰るとこんこんと眠ってばかり。安心して休める場所は実家だけだったのです。いく

ら笑顔を見せて元気そうに振る舞っても、これじゃあ、疲れているのは丸わかりですね。

でも、その原因がパピーにあるとは、さすがの父も気づかなかったのです。

「わからないことは茂之さんに教えてもらえばいいのだから。なんでも相談してしっかりやりなさい」

と励ましてくれるのです。その言葉が何よりもつらく、重く、私の肩にのしかかりました。パピーが私を支えてくれたのなら、どんなにうれしかったことでしょう。毎日私は大張り切りで仕事をしたでしょう。

昔、パピーが仕事、仕事で不在がちだったとき、父が頼んでくれたことがあります。

「ホテルの経営が難しいのも、忙しいのもわかる。でも、この部屋に戻ってきたときだけは、桂子を抱きしめてやってくれ」

このときも両親には何も言わなかったのですが、父は私の寂しい気持ちを察していたのですね。

私の幸せを願い、いつも後ろ楯になってくれた父。でも、私は助けを求めるわけにはいかなかったのです。両親を悲しませたくない、心配させたくない。それが何よりも強い私の思いでした。

父は私がスエヒロ館に嫁いでから、

「何かのときには、スエヒロ館を使ってやってください」

と、ことあるごとに宣伝してくれました。父がいちばんの営業マンだったといっても過言ではありません。湯沢グランドホテルになってからは、なおいっそう力を入れて応援してくれました。さまざまな役職を歴任した父でしたから顔は広く、大勢のお客様を連れてきてくれたものです。そして、満面の笑顔で誇らしげに紹介するのです。

「娘の桂子です」

父は常に言っていました。

「人が人を呼ぶのだから、一人ひとりを大切にして、人脈を広げるんだよ」

ホテルを訪れる際には、父は必ず全社員分のお土産を持ってくるのでした。それもこれもすべて、パピーをはじめ村山家の人々や社員に、私をかわいがってもらいたい一心でしてくれたことなのです。私が毎日こんなに怒鳴られ、萎縮して震えながら生活しているなんて夢にも思っていなかったでしょう。両親の気持ちを思うと、私はいつもカ・ス・マ・プ・ゲ（心痛む）なのです。

●めざすものは同じだけれど

パピーも私も、湯沢グランドホテルの発展を願う気持ちは同じです。それなのにどうしてこうもすれ違ってしまうのでしょう。

まったく異なる環境で育った私たちですから、価値観が違うのは当然なのです。その違いを認めて、それぞれのやり方で頂点を目指せばいいと思うのですが、社長は許しません。自分の思いどおりに他人が動かないとがまんできないのです。とにかくモタモタされるのは大嫌いで、白黒をはっきりつけないと気がすみません。なんでも命令形で依頼形はありません。力で言うことを聞かせるタイプです。自分は動かないで、他人にすべてやらせます。

私はといえば、まず相手の気持ちを思いやり、相手の身になって考えるのです。社員に対しても命令ではなく、依頼するようにしています。その方が言われる人も気持ちがいいだろうと思うからです。社長はそれが気に入らないのです。

「そんな言い方じゃ社員になめられる。誰も言うことを聞かないぞ」

と怒るわけです。

また、私は社員に考える時間を与え、様子を見ながら物事を進めますし、第一印象だけで判断せず、できるだけ相手のよいところを見出してあげるように努めます。山本五十六元帥語録が大好きな私は、この言葉を座右の銘にしているのです。

「言って聞かせ、やってみせ、やらせてみせ、ほめてやらねば人は動かじ」

教師をしていたころ、こんなことがありました。マット運動の倒立前転を指導していたときのことです。最初に完成技をやってみせたのです。すると生徒は口をそろえて抗議しました。

「先生、そんげ難しいことできないよ」

そこで、曲がって転んだだけというような、下手な前転をやってみせました。

「それくらいならできる」

生徒たちは意気込んで何度も練習しました。

「上手になったじゃない。今度はもう少しこうやってみたら」

こうして段階を踏みながら教えていくと、最終的にはみんな見事に目標の技に到達したのです。

このときに私は学んだのです。やる気を出させるには、最初から完成技は要らないということを。下手でもいいからどんどんほめてあげると、喜んで一心不乱に打ち込み、誰でも上達するのです。まず自分がやってみせ、ほめながら使うのがいちばんの指導法だと私は思っています。叱責してあごで使う社長とは正反対ですね。

さらに大きな相違点は、お金に対する考え方です。社長がもっとも信頼するものはお金です。ですから、社長はすべてをお金に換算します。たとえば、社員が一週間でやめたりすると、こう言って私を怒鳴りつけるのです。

「一週間でやめるようなやつは、三日でクビにしろ。四日分の賃金がむだになる。いったい、一日の人件費がいくらかかると思ってるんだ。お前は人使いが下手だ！」

人の出入りが激しい業界ですから、一日も早く見きわめをつけなければならないことぐらい、私だってよく知っています。でも、できるだけ長い目で見るように心がけていますから、私はどんな人でも三日でクビにしたりはしないのです。社長が社員を怒ったときは、フォローして回ります。

「さっきあんなこと言って社長は怒ったけど、私と二人になったときは、『うちの社員はよくできている』っていつもほめているのよ。だからがんばってね」

社長は何よりもお金が大切。私もお金は好きですが、『人の心』の方がもっと大切だと思うのです。こんなふうに対照的な二人だからこそ足りないところを補い合えるし、力を合わせればよりいっそうホテルも輝きを増すと思うのに、まったく女将の心社長知らず、といったところでしょうか。私はよく言うのですよ。

「パピー、あなたの社長としての手腕はたいしたものよ。すごいと思うわ。でも、一人の人間としてはちょっと常識はずれよ」

確かに商売の才覚については文句のつけようがありません。湯沢グランドホテルをここまで大きくしたのは紛れもなくパピーなのですから。平成十年十月には「季里の湯」というすばらしいお風呂をオープンしました。イメージ一新を図り、なんと社長は六億五千万円もこのお風呂にかけたのです。それはそれは雰囲気のある、品位あふれるお風呂でございます。

湯上がり処では冷たいビールや冷酒、ジュースなどをご用意し、心ばかりのサービスをしておりますのよ。お客様は大喜び。汗をふきふき喉をうるおしながら、お客様同士がお話に花を咲かせていらっしゃるのを見ますと、このお風呂を造ってよかったなーとしみじみ思うのです。建築費を聞いたときには卒倒しそうになりましたけれどね。

ときには娘と二人でサクラになり、

「まあ、なんてすばらしいお風呂でしょう。気持ちいいね。湯沢グランドホテルって社員教育も行き届いているし、ここに来てよかったねー」

などと言いながら露天風呂にゆっくりつかるのです。

「マミーって上手だね。役者になれるよ」

娘は大笑いです。

季里の湯がオープンしてから、私は営業に出ることにしました。せっかく見事なお風呂ができたのですから皆様に紹介してぜひ来ていただきたいし、社長に怒鳴られているより外に出た方がいいと思ったからです。東京はじめ地方の旅行会社をあちこち回ったのですが、

「わざわざ女将が営業に出てくるホテルは初めてだよ」

なんて言ってもらえるとうれしくて、なおさら力が入りました。体は疲れましたけれど、精神的には楽でしたね。社長の声が聞こえなくて……ウフッ。

残念だったのは、いちばんの営業マンだった父が、この季里の湯に入ることなく逝って

しまったことです。ゆったりとつからせてあげたかったです。父のことですから、喜んで大いに宣伝してくれたことでしょう。

今は、丹精込めて作ってくれた「ひょうたん」が、父に代わってお客様をお迎えしてくれています。皆様によく聞かれます。

「見事なひょうたんがたくさん置いてありますが、ここはひょうたんの産地なのですか?」

「どなたの作品ですか?」

そう聞かれたら、私は胸を張ってお答えするのです。

「私の父の作品でございます」

●あんなにお世話になったのに……

父が亡くなったのは、平成六年十月十八日のことでした。享年八十二歳。最後の最後まで私を気遣い、湯沢グランドホテルの繁栄を祈りながら息を引き取ったのです。私にとっては、これまでの生涯の中でもっとも悲しい日となりました。

亡くなる二日前に救急車で運ばれたときには、意識ははっきりしていたのです。

「ありがとう、ありがとう。こうなったら徹底的に治すからね。まだ当分死なないからだいじょうぶだよ。心配しなくていいから、もう帰りなさい。二人とも忙しいんだから。今がかきいれどきだろう。今日はお土産を渡せなくて申し訳ないね。桂子こそ身体に気をつけるんだよ」

倒れて病院にかつぎこまれたときでさえ、自分のことはそっちのけで私たちに気を遣う父でした。意外に元気そうな声にほっと胸をなでおろし、

「おじいちゃんて前向きだね。あの分じゃ、まだまだだいじょうぶだね」

と、パピーと話しながら病院をあとにしました。

ところが、十八日早朝、電話のベルが鳴り響いたのです。父に何かあったのだ、と直感した私は、震える胸を押さえて受話器を取りました。

「早く来て。おじいちゃんが……」

切迫した姉の声でした。私はパピーを叩き起こし、取る物も取りあえず病院に向かったのです。

「おじいちゃん、おじいちゃん」

耳元でいくら叫んでも反応はありません。神様お願い！　父を助けて。冷たくなりかけた手を、足を、懸命にさすりました。

私が今あるのは、すべて父のおかげなのです。栄養失調でやせ細った私を引き取り、ありったけの愛情を注いでくれた父。この父の期待に応えたい、父を悲しませたくない、その一念で私はパピーの罵声に耐えてここまできたのです。

父は私の最大の理解者であり、よき指導者でもありました。村山家、湯沢グランドホテルにとっても、最高のサポーターだったでしょう。資金繰りが苦しいとき、人手が足りないとき、お客様の入りが悪いとき、どんなときでも父は快く助けてくれました。

私が病気になったり、仕事が忙しくて子どもたちの面倒を見られないときは、新潟から二時間もかけて引き取りに来てくれたのです。何週間も預けっぱなしになったこともあります。寂しくて、子どもたちの声を電話で聞かせてもらっては、泣いたものです。世話をするのは重労働だったと思いますが、いつもこう言って励ましてくれました。

「だいじょうぶだよ。子どもたちは元気に遊んでいるから、何も心配いらないよ。桂子は自分のすべきことをしっかりしなさい。泣いてちゃダメだよ」

父のやさしい口調がよみがえります。

「おじいちゃん。桂子を置いていかないで。お願い、目を開けて！」

私の願いも虚しく、父は子どもたちや孫たちに見守られ、天国へと旅立っていきました。結婚後は、迷惑のかけっぱなし、心配させっぱなしで、何ひとつ親孝行できなかった私でした。

「ありがとう。おじいちゃん、ありがとう」

私は人目もはばからずに号泣しました。涙がとめどなくあふれ、いつまでも泣き続けました。そんな私を呼び寄せると、信じられないことにパピーはこう言ったのです。

「ちょっとマミー。葬儀はおれたち家族だけ出ればいいだろう。出すもの出しているんだし、村山の家の者には仕事をしてもらった方がいいから」

いくら紅葉の季節で忙しいからといって、父にあれだけ世話になり、何度も窮地を救ってもらったのに、香典さえ出せばそれでいいというものでしょうか？　パピーの人間性を疑いましたね。

「パピーなんかに、見送ってもらわなくていい！」

吐き捨てるように言うと、私は父の元に走りました。兄夫婦と姉夫婦は葬儀の準備のために慌しく走り回っていましたが、私は冷たくなった父の顔をなでながら、

「ごめんなさい……ごめんなさい……」

と、またまた涙に暮れるのでした。パピーの言葉は口が裂けても母や兄姉には言えません。こんなときになんてひどいことをと思うと、情けないやら、父に申し訳ないやら、私は胸が張り裂けそうでした。

日体大を誰よりも愛し、母校のために尽くした父。最期は大勢の後輩の皆様が、校歌で見送ってくださいました。父の冥福を祈りつつも、父の車が静かに動き出すと私は、後ろを追いかけるように、

「おじいちゃん、おじいちゃーん……、おじい…ちゃーん……」

泣き叫びながら見送り、深々と頭を下げて合掌しました。

——おじいちゃん、ほんとうにありがとうございました。天国で桂子を見守っていてくださいね。さようなら……。

第五章　空白の一週間

平成12年1月、双子の初孫誕生。左が弟の竜太、右が兄の健吾。写真は7カ月のころ。

●悲しみのあとに待っていたもの

女将になってわずか二年で父は逝ってしまいました。村山一族は、世話になったのだからぜひ出席したいと、最終的には全員葬儀に駆けつけてくれたのです。飯塚の父の気持ちが通じたことをうれしく思いましたが、パピーのあの言葉がトゲのように引っかかって、私の心は暗く沈む一方でした。その様子を見て、さすがにパピーも悪かったと反省したらしく、おずおずと謝ってきました。

「マミー、あのときはごめんね」

いつもこれにだまされるのですね。素直に謝るものだから、まあいいか、と気のいい私はすぐに許してしまうのです。

「でも、マミーも一緒に死ぬんじゃなかったの?」

私は父が大好きだったので、日ごろからパピーに言っていたのですね。おじいちゃんが死んだら桂子も一緒に逝くって。するとどうでしょ。

「やっぱりおじいちゃんよりおれの方がいいか？」

なんて、やぼなことを聞くのです。

父を亡くした悲しみは容易には癒えませんでしたが、いつまでも嘆いているわけにはいきません。私には女将という仕事があるのですから。私はまた戦場に戻ったのです。

「ようこそいらっしゃいませ」

お客様と触れ合っているときが、私にとっていちばん心が安らぐときでしたね。

宴会場の挨拶も私流に工夫しました。ご年配の方々がいらしたときは、はっきりした口調でゆっくりと、

「お身体には十分お気をつけて、またお顔を見せてくださいませね。お風呂で転ばないようにお気をつけくださいませ」

行政の方々がお見えになったときは、湯沢町の歴史や景気の話などを織り込むようにしております。同級会は、基本的にはご挨拶は遠慮することにしました。皆様が何年ぶり、何十年ぶりの再会を喜んでいらっしゃる最中におじゃまするのは、かえってご迷惑と思ったからです。幹事様に、「皆様が非常にお楽しみのようですので……」と一言お断りさせていただくようにしました。

もっとも、おもしろおかしく楽しいご挨拶ができるのは、コンパニオンさんが入るときです。「きれいどころが入る前に、私もせっかくのご縁ですから一言」と切り出して、「皆様の目は、私よりもコンパさんに向いているようですから、これで失礼いたします」と締めると大受けするのです。

そういえばこんなこともありました。転んで、手足が青アザだらけになったときのことです。

「どうぞお部屋でゆっくりお楽しみになってください。たまには花札でもいかがですか。もし、亥鹿蝶《いのしかちょう》の青たんがなかったら、私は亥年で、そのうえ転んでりっぱな青たんがありますから、すぐに呼んでくださいませね」

お客様はみんな大爆笑。

このように通り一遍の挨拶ではなく、それぞれのお客様に合わせてできるだけ楽しく、明るくなるよう常に心がけていました。私は、女将のいちばんの仕事は、お客様に心地よく過ごしていただけるように心配りすることだと考えています。そのためには自分なりにあれこれ知恵を絞るのですが、社長は違うのです。

「挨拶なんて女将の仕事じゃない。社員を効率的に使うのがお前の仕事だ。何度言ったらわかるんだ！」

　バブルがはじけて景気が停滞し、売り上げが思うように伸びないいらだちもあったのでしょう。社長の罵詈雑言《ばりぞうごん》は激しくなるばかり。いつ怒声が飛んでくるか、自分の夫におびえる毎日でした。

　唯一うれしかったことは、初孫の誕生でした。平成十二年一月二十日、長女・美紀に双子の男の子が生まれたのです。けっこうおばあちゃんには憧れていたので、

「やっと私もおばあちゃんの仲間入りをしたんだわ」

と実感がわいてきました。自分が子どもたちにしてやれなかったその分を、少しでも助けてあげたいと思ったものです。

　初めて孫に対面したときは、自分が産んだときのことを思い出して涙ぐんでしまいました。双子にしてはしっかりした、かわいい赤ちゃんでした。娘は、男子誕生に苦労した母親とは違って、最初から男の子を産みました。それも二人も……。

　もちろん、私はどっちでもよかったのですが、村山の義父は相変わらず「男！　男！」と騒いでいましたので、双子の男子誕生を伝えると、

「でかした、でかした」

と大喜び。何かにつけて、

「チビたちはどうしているのかな」

と気にかけています。

退院の日は、パピーと一緒に病院に迎えに行くことになっていたのですが、何か仕事関係でおもしろくないことがあったらしく、平気でドタキャン。私は一人で、長女夫婦とかわいい「お宝」を連れて帰りました。こんなにおめでたい日なのに、パピーの素っ気ない態度にイヤ～な雰囲気が漂い、夕食の味もわかりませんでした。まったく自分勝手な人です。

ひと騒動起こったのは翌朝のことでした。出勤する前に双子をお風呂に入れ、娘とともに赤ちゃんを一人ずつ抱え、ミルクを飲ませていたのです。突然、パピーの怒鳴り声が響き渡りました。

「お前は女将をやるのか、孫の面倒を見るのか、どっちなんだ！」

私は哺乳瓶を洗いながら泣きました。いったいこの人は何を考えているんだろう。

「お世話になっている身だから私は何も言えないけれど、マミーがかわいそう……」

娘もこう言ったきり絶句していました。

私にも意地がありますから、しばらくはミルクを飲ませたり、抱いたりしませんでした。パピーが寝ている間に毎朝二人をお風呂にだけ入れてあげて、スキンシップを楽しむことにしたのです。双子ですから、それぐらいはしてあげないと、娘がたいへんです。

気分屋のパピーは、きげんのいいときはおじいちゃん顔しながら、慣れない手つきでミルクを飲ませていましたけれどね。忙しくて夕食の準備が間に合わないときは、二人の孫をテーブルの上に寝かせ、愛らしい仕草を肴に、「かわいい、かわいい」と言いながら食べていました。

その孫も三歳になり、今年から幼稚園に通っています。ここまでケガもさせず、元気いっぱいな子に育ててきた娘に私はアドバイスしました。

「よくがんばったね。でも、これからの方がもっとたいへんよ。マミーの教育のしかたを思い出して、素直な明るい子に育ててね」

パパがとても協力的なので助かっていると思いますが、男は仕事が第一。どうか、マミーとパピーのようにバトルの毎日にならないように、と祈っている私です。

●くも膜下出血で倒れる

平成十二年九月二十一日。

この日は旅行会社の会議があり、十二時半に車で社長を送っていく予定になっていました。私は、ふだんと同じようにお客様をお見送りし、車にガソリンを入れて洗車をすませ、ホテルの玄関に横付けしました。それから服を着替えたのです。夏風邪をひいていて、咳がこんと出ました。その瞬間、ガ～ンと誰かにハンマーでなぐられたような激痛におそわれたのです。

なんだろう、痛い！　痛い!!　痛い!!!

私は頭を抱えてその場にうずくまりました。それでも事態の深刻さに気がつかず、パピーを送っていかなくちゃ、と思ったのです。必死で体を起こし、頭痛薬を飲んでベッドに横になりました。

するとまた、ガーンと来たのです。かつて経験したことのない激烈な痛みでした。さらに、体中がブルブル震え出したのです。これはふつうじゃない。痛みをこらえ、やっとの思いで子機ににじり寄り、パピーに叫びました。

「頭が痛い。救急車を呼んで！」

鉄板が張り付いたように下半身が重たく、ブワーッと食べたものが噴き出てきます。パピーが駆けつけたときには、私は脂汗をびっしょりかいて、のたうち回っていました。

「痛い！　痛い！」

もがき苦しむ様子が異常だったので、パピーも生きた心地がしなかったようです。

「マミー、今、救急車が来るから待ってろ」

と、何回も何回も声をかけてくれたことまではよく覚えています。

もしかしたらこのまま死ぬのかしらと、私はぼんやり思い、徐々に意識が薄れていきました。そのとき、なぜか父の声が聞こえたのです。

「来ちゃダメだよ。来ちゃダメだよ」

姿は見えないのですが、声だけが頭の中に響くのです。私は、そのまま気を失ってしまったようでした。

意識を取り戻したのは一週間後のことでした。その間にさまざまな検査をされ、私自身いろいろなことを口走っていたらしいのですが、何も覚えていないのです。記憶に残っていたのは、おそろしい頭の痛みと父の声だけでした。ちょうど七回忌のころでしたし、父が助けてくれたに違いありません。そう思うとうれしくて、早速パピーに頼んで父の写真を病室に持ってきてもらいました。それからは朝晩、「おじいちゃん、助けてくれてありがとう」と手を合わせるのが日課になりました。

パピーによると、私の病名は「くも膜下出血」。

助かるかどうかは五分五分と言われたそうです。切れたのはいちばん細い血管だったので、比較的軽い方だったのかもしれませんが、あの痛みと不安は決して忘れられません。

二週間寝込んだ私はすっかりやせてしまい、歩くのもままならない状態になってしまいました。そこでリハビリを始めたのですが、足がガタガタ震えてどうしても前に出ないのです。パピーに手を引いてもらい、冷や汗をかきながらのお散歩でしたね。病院内は、顔に管がついて、目の焦点が合っていない車椅子のお年寄りばっかりです。場違いなところに来てしまった気がして、早くここを脱出しなければとリハビリにも熱が入りました。

その矢先に、なんと村山のおじいちゃんまでが意識不明になり、この病院にかつぎこまれたのです。結局原因はわからなかったのですが、幸いにも一時的なもので、翌朝からしゃんしゃん歩いていたんですって。

「おじいちゃん、いくら仲よくたって、病院までついて来なくていいんだよ」

私が言うと、うれしそうにかわいい顔して笑ってるの。きっと寂しかったんでしょうね。

毎晩、晩酌のときにおばあちゃんの写真に向かって、「お母さん、お母さん」と呼びかけていましたから。

私とおじいちゃんが手をつないで散歩していたら、パピーが言うのですよ。

「二人ともヨレヨレしているんだから、手をつないでいると二人して転んでしまうぞ。離れて歩け」

羨ましかったんでしょうね。翌日からタオルの端と端を持って、並んで歩くようにしました。そのときのことを今でもおじいちゃんは誇らしげに言うのです。

「二人で仲よく散歩したよな」

●家族の付き添い日誌

お医者様に予断は許さないと言われ、パピーも子どもたちも一時は死を覚悟したほど危ない状態だったらしいのですが、献身的な看護のおかげで私は生還することができました。家族は毎日付き添い、こと細かく看護記録を残してくれました。私の回復を願って……。

長女・美紀の記録

くも膜下出血と聞いたとき、正直言ってもうダメだと思った。死亡率は五十%、奇跡的に回復したとしても言語障害やマヒなどなんらかの後遺症が残る、という知識を持っていたから。ＩＣＵ（集中治療室）で死んだように眠るマミー。このまま逝ってしまったらどうしよう。目を開けても私のことがわからなかったらどうしよう。どんな姿になってもいい、助かってほしいと痛切に思った。

マミーのやさしい笑顔が浮かんできて、私は世界中の誰よりもマミーを必要としていることに気づいた。だって、マミーにお世話になったんだもん。呼吸の音だけが耳を打つ。

不安で胸がいっぱいになる。そのときマミーが、

「痛い……痛い……苦しい」

とかすれた声で言った。そしてか細い声で、

「パピー…パピー……いるの？」

とパピーを呼ぶ。あんなにケンカばかりしていてもやっぱりパピーなのね、と思った私。

パピーとマミーは本当は仲のいい夫婦なんだ。

「気持ちが悪い……もどしたい……」

「痛い……痛い……」

弱々しい声で訴えるマミーを見ていると、心配でその夜はほとんど眠れなかった。パピーも眠れない長い夜を過ごしたようだ。協力して三交代制でつきっきりの看護をすることになった。

次女・由紀の記録
マミーが、

「なんの病気だったの？」

と聞く。

「いつもの頭痛のちょっと強いのだって」

と私はごまかした。すると、

「ものすごく痛かったてー。くも膜下じゃないか……」

と言う。私は驚いた。なんでわかったんだろう。

「会社休んだの？　マミーのせいでスチュワーデスをクビにならねえが……」

と心配してくれている。

「ここどこ？」

「病院だよ」

「パピーは？」

「今、会社だよ。また、夜、来るからね」

先生がいらっしゃった。

「頭が痛いですか？」

と聞かれると、

「痛い。痛い」

と言って繰り返し聞いている。

「先生、バカになる？　ならない？」

パピーが顔を見せると、

「パピー、マミーのこと愛してる？　マミー、愛してる？」

と何回も聞く。二人っきりにさせてやりたくて、したくもないのにトイレに行く。

病室に戻ると、すごいいびきをかきながら眠っている。パピーも横で寝てしまい、いびきをかいていた。ひどく疲れている様子。パピーが倒れないか心配だ。私はすごくパピーを尊敬しているから。

熱があったので、アイスノンを替える。

長男・秀明の記録
オリンピックが気になるらしく「テレビが見たい」と言う。まだダメと先生に止められる。頭が痛いと言うので薬を飲ませる。

「ヒコも疲れるから寝なよ」

看護婦さんたちにも、

「ありがとう、ありがとう」

と、いつも気を遣っている。やさしいマミーだなあ。

意識朦朧としているのに、挨拶をしている。

「お料理をゆっくりとお召し上がりくださいませ。ありがとうございました……」

ぼくはすごいと思った。マミーはこんなときでも仕事のことを気にして。偉いね、偉い！　マミーの「女将魂」を見せつけられた思いがする。

手足を動かしているので、ぼくは、マミーはだいじょうぶ、きっと助かる、と思った。涙を流さないぼくを家族が責めた。ぼくはマミーを信じていただけなのだが。

「バカにならない？」

「今日は何日？」

「今度は死ぬかと思った……」

いろいろなことを言っている。点滴が終わったので替えてもらう。頭のアイスノンを取り替えたら眠り始めた。パピーと交代する。

パピーの記録

子どもたちの報告を読んだ。詳しくよく描写している。感心するばかり。おれにはできない。人にはそれぞれ長所、短所があるもの。書くことや表現力は、おれは百点満点のうち二十点の赤点だ。ほかのことで点数を稼がなければ、価値のない男になってしまう。どんなにお金をかけても、マミーを助けるのがおれの仕事だ。マミーがんばれ、パピーがついているよ！

「町の人、マミーが倒れたの知ってるかな？」

「みんなにはわからないようにしているよ」

　マミーの返事なし。

「マミーのこと、愛してる？」

「愛してるよ。早く元気になって家に帰ろう」

「フウ～ン」

と、うなずく。

「お見舞いの人がいっぱい来るといけないから、受付作らなくていいが……」

おもしろいことを言っている。頭が痛いらしく、手を額に当てる。

　明日は、検査の結果を聞くことになっている。だいじょうぶだと思う。アイスキャンディーを食べたがるので、先生の許可を得て買ってきた。喜んでなめている。

マミーの感想

絶対に「マミーのこと愛してる？」なんて、私がパピーに聞くはずはないと思うのだけれど。子どもたちに言わせれば、

「それが本心だよ」

ですって。

「マミーはパピーがついていなければ、もう何回も死んでいるよ」

って、私をバカにするんですよ。

社員たちにも言われました。

「あんなに取り乱した社長の姿、初めて見ましたよ。もうパニック状態でしたよ」

パピーいわく、

「おれがいちばん泣いたんだよ、マミー」

泣いた、泣いたといばられてもね。でも、子どもたちも証言するのです。

「パピーがあんなに泣くなんてびっくりだよ。パピーってほんとうにマミーのこと愛してるんだね」

おまけにこうつけ加えるのです。

「マミーだってそうだよ。意識がないのに、パピー、パピーって呼ぶし、何度も『愛して

る?』って聞いていたんだよ」

　私にはまったく覚えがありません!!

●父と息子の対決

　入院して約一カ月後の十月二十四日に、おじいちゃんと仲よく退院の運びになりました。家に帰れるのはうれしいのですが、くも膜下出血の恐怖が染みついて、私は不安でたまりません。

「いつまた再発するかと思うと、こわくてしかたないのです」

　先生に訴えると、やさしく励ましてくれました。

「だいじょうぶだよ。少しずつ治るから。痛くなったら薬を飲みなさい。ストレスがいちばんいけないから、無理しないようにね」

　二度とあの苦しみや痛みを味わいたくないので、これからはもっと自分の体をいたわるようにしようと固く誓いました。ところが、退院直後に思わぬトラブルが発生して、またもや私は心身をすり減らすハメになってしまったのです。

事の起こりは、パピーが長男の秀明に、

「今すぐに帰ってこい！」

と、いつものように頭ごなしに命令したことでした。ちょうど、湯沢の旅館は世代交代の時期に入っており、周りの女将さんたちからも、

「グランドさんの息子さんは、いつ帰って来るの？」

と、よく聞かれていました。むろん、息子も跡を継ぐつもりで、東京のホテルで修業していたのです。パピーは私が倒れたのを機にと考えたらしいのですが、息子にしてみれば、いきなりの「帰れ」に驚いたのでしょう。

「マミーはだいじょうぶのようだから、ぼくはもう少し東京で勉強してから帰りたい」

と答えたのです。パピーは烈火のごとく怒り、一喝《いっかつ》しました。

「何言っているんだ‼　さっさと帰ってこい‼」

おまけに私にもこう言って怒鳴るのです。

「お前は今、みんなの世話になっているんだから、何も言うな！」

どちらも私の大切な人です。退院したばかりの私は夜も眠れず、また頭が痛くなり、再

発するのではないかと不安で、涙をボロボロ流す毎日でした。

　師走に入ったある日、家族会議が開かれました。

「お前は何を考えてるんだ。すぐに帰ってこい。おれの言うことが聞けないのか！」

　パピーは、例によって怒鳴りつけます。すると、今まで一度も父親にさからったことのない息子がきっぱり言い放ったのです。

「三カ月でも半年でも帰るのを延ばしてくれれば、ぼくは社長に九九％合わせてやっていく覚悟がありますが、それもダメというのでは跡を継ぎません。ぼくは帰りません」

　私はすぐさま息子に同意しました。

「自分の一生のことだから、悔いのないようにしな。お前の判断が正しいよ。今のパピーの下に帰ってきたら、秀明もやさしいからマミーみたいに倒れちゃうぞ。他人の飯を食べ、もっと世の中をよーく見てきなさい。他人に使われることによって人間は成長するのだから。そうしないと、パピーみたいな人間になってしまうよ」

　私は秀明を外の喫茶店に連れ出すと、コーヒーを飲みながらこう言い聞かせました。

「今は帰ってくるな。もう少し社会勉強した方がいいと、マミーも思うよ。でも、いずれは帰ってきて社長になるんだよ。パピーは強がっているけど、秀明がいちばんと思っているんだよ。お前に継いでほしいと願っているんだからね」

息子を駅まで見送ったのですが、寂しそうな後ろ姿が切なくて、涙がこぼれました。でも、彼は二十五歳にして初めて父親にNOをつきつけたのです。成長したものだなあと感慨深いものがありました。華やかにクリスマスソングが流れる中、私は重い心を抱えて帰りました。

男の意地の張り合いで、しばらくの間は音信不通でした。どうしているのかなあ、彼女もいないのに。息子のことが気になってしかたがありません。ひそかに連絡を取り合い、一カ月に一度は上京していろいろと話し合うことにしました。彼の味方は私だけ。社長命令にはさからえないので、義弟も義妹も娘たちも社員もみんな社長側についたのです。でも、秀明をかわいがっていたおじいちゃんは、こう言って励ましてくれました。

「桂子さんは秀明をカバーしてやりなさい。おれが桂子さんを助けるから」

ありがたかったですね。

くも膜下出血のいちばんの原因は、ストレス、心労だそうです。お医者様にも「ゆっくり休むように、しばらくは仕事のことは考えないように」と言われていたので、当分の間は静養するつもりだったのですが、電話はジャンジャン鳴るし、パピーの怒鳴り声は聞こえてくるし、心の休まる暇がありません。そのうえ、夫と息子の対立です。どうやって仲を取り持てばいいのか、悩みは深まるばかりでした。

　雪がしんしん降り積もり、厳しい寒さが続いていました。私の頭痛もひどくなる一方で、再発の恐怖におびえ、板挟みに苦しみ、神経がズタズタになって私はついに爆発したのです。

「くも膜下になったのは、パピーのせいだよ。元の身体に返して！」

　すると、パピーはこう反撃したのです。

「結婚したときからそうだった。お前はもともと欠陥者だ。身体の部品が弱いんだ！」

　怒りましたね、私。テレビや冷蔵庫じゃあるまいし、欠陥者だなんて失礼しちゃうわ！

　そう思いながらも痛む頭を抱えて出ていくこともままならず、ひたすらがまんするだけでした。義妹たちが、

「お義姉さん、ゆっくり休みな」

　と、やさしくいたわってくれたのが、ほんとうにうれしかった。パピーは倒れたときこそ心配して泣いてくれたようですが、退院してきたら私の病気のことなどケロッと忘れているのです。入院中だって、今日の売り上げはいくら、今日のお客様の人数は何人と、い

ろいろな数字を挙げて私を責め立てるのです。そういう話しかできない人で、自分自身は責めているつもりはないのです。私にしてみれば、病気のときぐらいはお金の話はやめて、「早く元気になって退院しようね」って言ってほしかったですね。正直言うと、パピーはいちばんイヤな見舞客でした。

意識がないときに、私はこう言ったそうです。

「パピーが来ると頭が痛くなるの」

それを聞いた看護婦さんは、

「えっ、それは逆でしょ？　頭が痛くなくなるんでしょ？」

「うう～ん」

と私は答えたらしいのです。傍らで聞いていたパピーは冗談だと思ったのでしょうね。笑っていたそうです。本音だったのですけれど。

年が明けても父子の絶縁状態は続き、私は相変わらず頭の痛い日々を送っていました。そんな折、母が他界したのです。桜がふくらみ始めた四月二日のことでした。三年ほど前に母が入院してからは、ほとんど兄夫婦と姉夫婦に母の面倒を見てもらっていました。私が最後に母に会ったのは、くも膜下出血のリハビリを終えて退院した翌月に執り行った

父の七回忌のときでした。病院に立ち寄り、

「おばあちゃん悪かったね。桂子はくも膜下出血を起こしてずっと療養していたの。ごめんなさいね。元気になったから安心してね。早くおばあちゃんも元気になってね。お世話になったのに、何もしてあげられなくてほんとうにごめんなさい」

と手を握り、顔をなでながら「じゃあ、またね」と別れたのです。それが今生の別れになるなんて思いもよらないことでした。

兄・姉夫婦にお世話になりっぱなしだったので、

「お通夜のあとは、私たち家族に見守らせてください」

と頼み、私はパピーと子どもたちと一緒に朝まで母のそばについていたのです。パピーと息子が対決したあの家族会議以来、五人がそろったのは初めてでした。

「おばあちゃんの思い出話をしようよ」

険悪な雰囲気にならないように、話が変な方向にそれないように、私は非常に気を遣いましたね。無事に一晩過ごして葬儀をすませ、家に帰ってきたときは、心身ともにクタクタでした。

でも、母に心から感謝しました。おばあちゃんの死は悲しくつらいことでしたが、おば

あちゃんのおかげで五カ月ぶりに家族五人が集まることができたのです。おばあちゃんが、崩壊寸前の私の家庭を救ってくれたのです。これから生きていく私たちに明るい光を灯してくれたのです。この葬儀をきっかけにして、以前のように息子は家に出入りするようになりました。

最後まで私を守ってくれた母でした。母は私が結婚してからは、気を遣って、実の子ども以上によくしてくれました。里帰りしたときに、いろいろな出来事をおもしろおかしく聞かせてあげると、笑いすぎて涙を流しながら、

「桂子ってホントにおもしろいね」

なんて言ってくれて、ものすごくうれしかった。母となんとかうまくやっていきたい、母に喜んでもらいたいという私の長年の願いがかなったのですから。努力がやっと報われた気がしました。

小さいころはいろいろ悲しいことやつらいことがありましたが、私が母の立場だったら、他人の子にとてもここまではできなかったでしょう。自分が子どもを持って初めて、母の偉大さを肌で感じた私でした。この母に少しでも近づけるようにがんばらなくてはと、今も事あるごとに遺影に手を合わせています。

平成十五年七月六日、少し遅れましたが、母の三回忌を無事終えることができました。母のよき思い出が私をしっかり支えてくれているのを感じます。お母さん、心からありがとう。家族みんな仲よくやっているから、安心して眠ってね。

●涙の女将再出発

くも膜下出血で五カ月ほど仕事は休みましたが、平成十三年二月、日体大同窓会の皆様へのご挨拶を機に、私は女将復帰を果たしました。一時は命さえ危ぶまれたのに、またこうしてお客様の前に出られるなんて夢のようでした。

「無理しないでがんばってね」

たくさんのエールと拍手をいただいたときには、感極まって涙がこぼれてしまいました。

二月二十七日には、お客様からいただいた素敵な帯をきりりと締めて、橋本龍太郎元総理夫人をお迎えしました。初めてお目にかかったにもかかわらず話が弾み、時間が経つのも忘れました。夫人の温かなお人柄に触れることができたのは、大きな喜びでした。私も心からのおもてなしをさせていただきました。小雪が舞う中、一緒に露天風呂に入ったことが昨日のことのように思い出されます。

病気の後遺症で頭痛がとれず、深々と頭を下げることができなくなった私ですが、自分なりに工夫した全身を使ってのご挨拶と、晴れやかな笑顔でお客様をお出迎えしております。私の活力の源は、なんといってもお客様との触れ合いです。皆様からパワーをいただき、今まで以上に健康に留意し、女将業に邁進することを心に誓ったのでございます。

初めて女将デビューしたときよりも、何もかもが新鮮でかけがえのないもののように思えました。一度死にかけたところを生かされたのだから、生まれ変わった気持ちでがんばろうと張り切っていた矢先に、また始まったのです。相も変わらぬ社長の罵詈雑言でした。女将として再出発し、少しずつ体を慣らしながら私なりに精一杯務めているにもかかわらず、

「女将、何やってるんだ！」

「社員を動かせと言っているだろ！」

「お前のやっていることは仕事なんかじゃない！」

と、次から次へと罵声を浴びせるのです。

「ふつうだったら死んでしまうか、半身不随になるか、何かの後遺症が残るところなのよ。私は幸運にも外見も変わらず、ふつうにお客様にご挨拶もできる。それだけでも喜んでよ」といくら言っても、社長は喉元過ぎればなんとかで、すべて忘れているらしく、以前と同じように怒鳴り散らすのです。不況で売り上げは下がる一方、自分も年とともに体力が落ちる一方ですから、イライラするのもわかりますが、九死に一生を得た私に八つ当たりすることはないでしょう。

やさしさがほしかった、やさしいまなざしがほしかった。

帰宅したときに、「ご苦労さん」でも「お帰り」でもよかったのです。ねぎらいやいたわりの言葉を一言でもかけてくれたら、疲れが吹き飛ぶのに。私の顔を見たとたんに「ご飯は」ですからね。そうでなければ、今日の働きぶりをあれこれあげつらって怒るのです。二十四時間責められっぱなしで、ほんとうにつらかったですね。くも膜下出血まで起こしたのに、まだ私の苦しみに気づかないパピーの鈍感さに、私は絶望的な気分になりました。

そのうえ、何かといえば「女将を募集する」「女将代理を採用する」と脅し、前回あれだけ私の抗議を受けたこともすっかり忘れたらしく、私に内緒で面接して、また女将代理を連れてきたのです。幹部社員が勝手にやったかのようなフリをしていましたが、私もそ

こまでバカじゃないですから、社長自身が連れてきたのはすぐにわかりました。突然、

「お前会ってみろ！」

ですって。心底情けなかったですね。パピーってばかだなあと、つくづく思いました。私に言わせれば、パピーがいちばん人使いが下手ですね。いつもそばにいるマミーをほめて使えば、喜んで働くのに。私は誰よりもパピーにほめてもらいたいのです。パピーのためならどんな苦労もいとわないのに、なぜそれがわからないのでしょう。私のあら探しをして、これでもかこれでもかと責めまくっても何もいいことはありません。悔しいやら腹立たしいやら情けないやらで、私の顔が涙と鼻水でぐしゃぐしゃになるだけです。

そんな私を支えてくれたのは、社員たちでした。

「どんな人が来たって、女将さんがいちばんだよ」

「女将さんの笑顔が素敵」

「女将さんが大好き」

みんな、ありがとうね。この声に自信を得て、「パピーなんかに負けるもんか」と奮い立つ私でした。

このころには、以前よりもさらに社長に対するアレルギーがひどくなっていました。遠

くで声が聞こえただけで鳥肌が立つのです。だいたい昔から「トリ」というものに弱いのです。どこまでも追いかけてくる「借金取り」、いいことも悪いことも煙に巻かれてしまいそうな「焼き鳥」。いちばん弱いのがついつい「うっとり」して我を忘れてしまういい男。

とはいえ、こんな「トリ」なら大歓迎です。お客様という「観光鳥」は、湯沢にいっぱい飛んできてほしいし、私たちに幸せを運んでくれる「コウノトリ」も（私にはもう遅いですけれどね）。それにいつも穏やかな気持ちでいられる「ゆとり」。これがいちばんですね。

●おじいちゃん、泣かせてごめんね

社長アレルギーはどんどん悪化しました。お客様とロビーで話していても、社長の姿がちらっと見えたとたんに、心臓がドクンドクン鳴り始め、体が震えてくるのです。そう、私はアレルギーどころか「社長恐怖症」になってしまったのです。また、何か言われる、怒られる、そのことで常に頭の中はいっぱいです。私にとっては、社長は鬼門、恐怖の対象でしかなかったのです。

家に帰っても同じこと。仕事の話が出ないように祈りながら、聞かれたことに答えるだけにしていました。冷戦中の夕食は、次のようないともも簡単なメニューですませます。

《パピーのメニュー表》

一、オムレツ　ケチャップによる「バカ」「大キライ」の文字、あるいは、半分に割れたハートマークの絵をサービス。

一、ステーキ　私の皮肉、あるいはパピーの贅肉。

一、餃子　耳の二つ折り。

一、おつまみ　鼻をつまんだもの。

一、たらこ　パピーの厚い唇。

一、みそ汁　活きの悪い貝入り（口を開かない）。

どうぞ勝手に召し上がれ！

数日たつと、コンビニ弁当に飽き、私の無言の行にも音《ね》をあげて、

「マミー、勘弁ね。これで何か買って」

と、パピーがすり寄ってきます。そこで、一緒に鍋をつついて仲直り。いったい何度これを繰り返したことでしょう。進歩のない私たちでした。しかし、ついにこの関係に終止符を打つときがやってきたのです。

お偉い方が三人ほどホテルにお見えになったときのことです。その方々と幹部社員の前で、社長が私をこんなふうに紹介したのです。

「私の家内、女将です。何もできず、人を動かすこともできず、給料分の働きもできず、まったくダメなやつなんですよ」

お客様の前で、私を無能呼ばわりしたのです。私は黙って頭を下げ、最後までその場にとどまりましたが、はらわたが煮えくりかえる思いでした。なぜ、大切なお客様の前で、バカ扱いしなければいけないのでしょう。これまでは、社員やアルバイト、パートさん、いわば身内の前でしたから、どんなに怒鳴りつけられても、バカ呼ばわりされても、まだ耐えることができたのです。社員たちはわかってくれていますから。でも、今回だけは簡単に許すことはできませんでした。私は初めて本気で『離婚』を考えたのです。

嫁いで以来、離婚の二文字が目の前にちらつかなかった日はありません。ひどい妊娠中毒症で母子ともに危険と言われたときに怒鳴りつけ、仲居さんの仕事と育児で疲れ切っているのに何も手伝ってくれず、病気になったらイヤな顔をし、女将デビューしてからは連日罵詈雑言を浴びせ、一度たりともやさしい言葉をかけてくれたことはありません。父が亡くなったときの冷淡な態度、欠陥品と罵倒されたこと……。これまでの結婚生活は、つらいこと、悲しいことの連続でした。心身ともに追いつめられ、何もかも投げ出して死んでしまおうかと思ったことさえあります。

でも、できませんでしたね。私を心から愛し、私の幸せだけを願い、全力で支えてくれた両親に、絶対に心配をかけたくなかったのです。そのうえ、かわいい三人の子どもたちと、私を大切にしてくれる大勢の社員もいるのですから、私はがんばらざるを得なかったのです。こうして、三十二年も経ってしまいました。

両親が亡くなり、子どもたちも成長した今、これ以上がまんしなければならない理由はほとんどなくなりました。張りつめていた糸がぷっつり切れてしまったのです。私は、いつ、くも膜下出血が再発するかわからない身です。これからは、穏やかに伸び伸びと生きていきたい、という思いがふくらんできたのです。毎日、毎日、バカにされ、泣き暮らすのはもうたくさん。自由に楽しく私らしく生きていきたいのです。

ただ一つ気がかりなことがありました。村山のおじいちゃんのことです。おじいちゃんが天国に行くまで見届けてあげること、これも私の大切な仕事なのです。あのおじいちゃんを一人置いていくのは心残りだなあ〜。

翌朝、私はおじいちゃんに思いきって打ち明けました。今までパピーにどんな仕打ちをされてきたか、私がどんなに深く傷つき、どんなにつらかったか、おじいちゃんにすがって泣きながら一部始終を話しました。

無言でじっと耳を傾けていたおじいちゃんは、最後にやさしくこう言ってくれたのです。

「桂子さんがいちばんだよ。桂子さんがいちばんがんばってくれているんだよ。桂子さんがいなかったら、湯沢グランドホテルはやっていけないんだよ。おれが桂子さんのいちばんの味方だからな」

お嫁に来たころの仁王様みたいなおじいちゃんからは、想像もつかない言葉でした。飯塚の父の教えを守って陰ひなたなく接してきた私を、しっかり見てくれていたのですね。

私が声をあげて泣き出すと、八十七歳のおじいちゃんの目からも涙がホロリホロリとこぼれて、深いしわの中に吸い込まれていったのです。

「おじいちゃん、心配かけてごめんなさい。助けてくれてありがとう」

気がついたら、おじいちゃんの背中に抱きついて、私は甘えていました。心配させてしまいましたが、このおじいちゃんの言葉で、私は元気を取り戻すことができたのです。真に村山家の一員になれた気がしました。

あれから何かと気遣って、通りすがりに声をかけてくれるのです。

「桂子さん、何かあったらすぐに言ってこい。いちばんの味方はおれだからな」

「ありがとう、おじいちゃん。死ぬときは、これから死ぬって桂子にちゃんと言ってね。最期をきちんと見届けるのが、私の仕事なんだからね」

おじいちゃん、泣かせちゃってごめんね。でも、以前にも増して私たちの絆は強くなったのです。私は百万の味方を得た思いでした。

第六章　ラストチャンスをパピーに

理想は顔美人でなく心美人。お客様の「心の華」でありたいのです。

●最初で最後のラブレター

平成十五年三月三十日、すがすがしい気持ちで目覚めました。朝の澄みきった空気が快く頬をなでます。パピー宛の手紙をテーブルの上に置き、いつもと変わらぬ笑顔で出勤しました。

思いの丈を率直に綴りましたので、今まで胸につかえていたものがとれ、私はひさびさに爽快な気分になりました。パピーがどう読み取るかはわかりません。私のメッセージをしっかり受け止めてくれるのか、無視するのか、パピーの人間性に賭けてみようと思ったのです。パピーにとってはラストチャンス。生かすも殺すもパピーしだいです。私が初めて書いたラブレターは、しょっぱい涙の味がしました。

拝啓　　村山茂之様

おはようございます。お目覚めいかがでございますか？

今日は私の誕生日、そして結婚記念日ですね。茂之さんと結婚してはや三十二年が過ぎ、今日から三十三年目に突入しました。私の気持ちを整理するにあたり、一筆お手紙差し上げます。

一言で三十二年と申しましても、いろいろなことがありました。過去を振り返れば、ただただ悲しいこと、苦しいことだけが浮かんでまいります。村山家に嫁いだこと、茂之さんと一緒になったことが、幸せだったのかどうか、いつも自問しております。やはり両親の言うことを聞くべきだったのかなあ。自分の浅はかさを恥じるばかりです。

あなたも知ってのとおり、私は、飯塚正雄、喜代子の養女として育てられました。幼いころから、両親、兄姉、周りの人々に気を遣い、常に「いい子であれ」と自分に言い聞かせながら生きてまいりました。他人の子である私をここまで育ててくれた飯塚の両親には感謝の言葉もありません。本日五十六歳の誕生日を迎えられたこと、ここまで生きてこられたことに大きな喜びを感じております。

結婚してからの二十年は子育てに追われる毎日でした。努力の甲斐あってみんなやさしく素直な子に育ちました。村山家の両親に対しても、自分なりに精一杯仕えてきたと自負しております。

この間あなたは、湯沢グランドホテルの社長であることを口実に家庭をかえりみることなく、自分勝手に好きなようにやってきましたよね。私が少しでも口をはさむと、「仕事でやってるんだ。おれがお金を稼がなくちゃ困るのはお前たちだぞ。村山家を支えているのはおれなんだぞ！」

と、罵声を発してきましたよね。そのたびにがまん、がまんの私でした。世間様には、グランドの社長はすごいやり手だ、商売熱心だと賞賛され、気がつけばあなたはピノキオのごとく鼻を伸ばし、周りの人の言うことに一切耳を貸さないワンマン社長になっていました。

新潟の父は、夫婦生活がうまくいっているのかどうかいつも心配していました。父に「部屋に帰ってきたら、桂子をしっかり抱きしめてやってくださいね」と言われたことを覚えていますか？　パピー、きょとんとした顔をしていたよ。父には私の寂しい気持ちがわかっていたのですね。

私がお義母様に泥棒扱いされたとき、あなたははっきり「桂子じゃない」と言ってくれませんでしたよね。女の子なんかいらないとか、学校の先生なんかバカだとか、いろいろ言われ続けてきた二十代、三十代でした。

私の青春を返して！

でも、私は子どもたちと社員と、なんといっても飯塚の両親に心配をかけたくない一心で耐え、がんばってまいりました。

平成四年十月三日に女将デビューしてからの十年間は、毎日食前食後、寝ているときでも、具合が悪いときでも、「お前はバカだ！　女将の資格はない。仕事ができない。何やっている！」と、罵倒し続けてきましたよね。私はあなたの姿が見えたり、声が聞こえるたびに胸がドキドキし、手足がガタガタ震え、すっかり社長恐怖症になってしまったのです。そのうえ、懲りもせず「女将募集」に励み、社員の前で私をバカにし、私のすることにことごとくケチをつけてきましたよね。

昨年の十一月にお偉いお客様方の前でバカ呼ばわりされ、女将は力量のないダメなやつだと何度も言われたとき、私はついに離婚を決意しました。覚悟を決めた私は、おじいちゃんに、いかにあなたに侮辱され虫けら扱いされてきたか、今まであったことをすべて話しました。おじいちゃんも男泣きをし、「桂子さんがいちばんだよ、桂子さんがいなかったらグランドホテルはまわらないんだよ。おれがいちばんの味方だよ」と、言ってくださったのです。嫁いだころのおじいちゃんとは別人のようなやさしい言葉でした。これを聞いたとき、わたしは恥じらいもなく号泣し、おじいちゃんを見送るまではなんとしてもがんばらねばと思い直し、今日に至っております。

そこで、パピーにお願いがあります。

一、これからは人前や社員の前で、桂子を怒鳴らないでください。暴力こそありませんでしたが、言葉のイジメはもうイヤというほど味わいましたから。私たち、サドマゾじゃございませんよ。

一、二人で同席する仕事は絶対にイヤです。また怒鳴られると思うと憂うつだし、身体に恐怖が染みついているから。

一、仕事についての指示、強い口調でのお説教はもうけっこうです。

いろいろと書いてまいりましたが、これらはほんの一部でしかありません。パピーとのこれまでの生活は、私にとっては『忍耐』の二文字でした。ですから、これからは人間として成長していただきたいと願っておりますし、『幸福』の二文字をめざして歩んで、ほしいと思っております。パピーにはきっとできると思いますよ。今までのことは水に流して前進しようと思うけど、汗流して涙流してきたから、そう簡単には流せそうにありません。今度は鼻水を流しながら二人でがんばろうかな？

マミーだっていたらないところがたくさんあったと思い、深く反省しております。マミーは小さな幸せでいいのです。秀明と三人でスクラム組んで、誠心誠意それぞれの役割を果たしていけば、必ずグランドホテルには「希望の光」が見えてくると確信しております。

マミーはパピーと手をつないでゆっくりと歩いていきたいのです。これからは……。CMのチャーミーグリーンのおじいちゃんとおばあちゃんみたいにね。

私は今いちばん輝いています。大勢のお客様を笑顔でお迎えし、癒してさしあげ、心を込めてお見送りしております。その際には（またぜひいらしてくださいませね。お約束ですよ）と、そっとつぶやくのです。私はホテルの女将であるよりも、お客様の「心の華」でありたいのです。やさしさと安らぎをお客様に差し上げたいのです。やらせてください。私に女将を！　桂子をうまく使うのがいちばんですよ。社長様。

もし私がおじゃま虫でしたら、いつでも駆除してくださいませね。でも、年金もらえるまでは置いてね。

パピー、マミーのほんとうの気持ちわかってくれた？　パピーはね、マミーの自慢の夫なんだからね。そして三人の子どもたち。どこに出しても恥ずかしくないすばらしい子どもたちだよ。そうそう、先日は素敵なハワイ旅行をプレゼントしてくださり、たいへんありがとうございました。仕事上のおつきあいとはいえ、由紀と二人で楽しかったよ。やはりスチュワーデスの娘がいると何かと心強いですね。あちこち案内してくれました。素晴しいナビゲーターでした。

よく言ってたよね。パピーが月でマミーが太陽、子どもたちが星だって。青空はどれが欠けてもダメなんだよ。家族の和も同じこと。これからの人生、しっかり手を取り合って、生き抜いてまいりましょうよ。健康に気をつけてね。私も二度とくも膜下はイヤですから。でも、心配……。

チューリップが咲き乱れる季節が、もうそこまで来ていますね。でも、私は花のチューリップよりも、パピーのチュッ！リップの方がう～んと好き。パピー、シャネルのバッグ、どうもありがとうございました。ほんとうにほんとうにありがとうございました。前からほしかったんだ。これからも手切れ金ではなく、和解金をちょうだいね。
毎日すばらしい温泉に入り、エステやら垢すりやらマッサージやらしてもらって、こんなに幸せ者でいいのかしら？　としみじみ思う今日このごろです。
長々と書きましたが、今後ともどうぞよろしくお願いいたします。
敬具
平成十五年三月三十日
愚かな女将マミーより
大好きなパピーへ

私がお客様をお見送りしていると、携帯電話が鳴りました。

「マミー、今、何してる？　すぐに帰ってきて」

「ただいま。何か用事？」

私がとぼけて声をかけると、

「マミー、読ませてもらったよ。すべてマミーの言うとおりだし、書いてあることに間違いはございません。ほんとうに苦労かけたね。悪かったね。おら、読んでて、泣けて泣けてどうしようもなかったて」

パピーは目を真っ赤にし、ティッシュを鼻に当てながら、何度も謝ってくれました。

手紙を読み返すと、つらかったことが次々によみがえり、私も涙が止まりませんでした。思いきって書いてよかったと、安心感が広がりました。パピーがわかってくれたことがうれしくて、心にしこっていたものがみるみる溶けていくのを感じました。

「マミー、いつでも百万円ぐらい動かすことができるって、おれは言ってたよね」

パピーは私を強く抱きしめながら、ポンとプレゼントしてくれたのです。

「とんでもない。パピーのその気持ちだけで十分よ」

と私は言いながらも、しっかり福沢諭吉ご一行様を懐に迎え入れたのです。ちゃっかり夫人のマミーでした。

「パピー、どうもありがとう」

と素直にお礼を言いながら、私は間髪をいれず、きつ～い言葉を投げかけたのです。

「手切れ金に比べれば、う～んと安いよね」

お互いの涙をふきながらハグハグしたこのときほど、パピーが頼もしく見えたことはありませんでした。

でも、私は本当に気持ちだけでうれしかったのです。一晩だけご一行様と一緒に眠り、翌朝、ありがとうの手紙を添えてパピーの金庫に納めました。

この日から、私たちは新たな人生のスタートを切ることになったのです。

（今まで長かったわ……）

●おじいちゃんへの手紙

同じ日に、私はおじいちゃんにもお手紙を差し上げました。感謝の気持ちといたらない嫁であることへのおわびを込めての一筆でした。

拝啓　村山秀由様
おじいちゃん、今日三月三十日は、桂子の誕生日、そして結婚記念日です。茂之さんと一緒になってまる三十二年が過ぎたのです。振り返れば、三十二年前はお互いに若かったね。おじいちゃんは今でも十分に若いよ！

私が村山家に嫁いでから、十年、二十年、三十年と自分なりに区切りをつけながらがんばってきたつもりです。

最初の十年はひたすら子育て、次の十年は子どもたちの教育、その後は女将と、精一杯やってまいりましたが、いたらないところも多々あったことと思います。気が利かないし、おっちょこちょいで、さぞかしおじいちゃんにもご迷惑をおかけしたことでしょう。私がここまでやってこられたのも、おじいちゃん、村山家の方々、それに桂子が大好きだった新潟の両親、兄姉が支えてくれたおかげです。

自分の親をほめるのもおかしいのですが、桂子は、飯塚の両親の教育やしつけ、家計のやりくりには感心するばかりでしたし、何よりも他人の子である私をここまで育ててくれたことに感謝してまいりました。存命中は一度も口答えすることなく、「いつもいい子でいよう」と子どもながらに気を遣って生きてまいりました。だからこそ、どんなにつらいことがあっても、両親や村山のおじいちゃんに心配をかけないようにがまんしてきたのです。

でも、昨年の十一月にとうとう耐えきれなくなって、おじいちゃんに初めて今までのことをすべて打ち明けてしまいました。おじいちゃんも目に涙をいっぱいためて聞いてくれましたね。

「桂子さんがいちばんだよ。いちばんがんばってくれているよ」

と、言ってくださったことほど、うれしかったことはありません。あのとき流したうれし涙は今でも忘れません。

おじいちゃんには、身体のことでも、パピーとマミーのことでも、いろいろ心配のかけっぱなしでごめんなさい。桂子がもっと頭がよくて、茂之さんの思うとおりに動ければ何も問題ないのでしょうが……。

「いつでも素直に陰ひなたなく、いつも明るく村山の両親に仕えなさい」

この父の言葉をよりどころにして、これまで努めてまいりました。両親が他界した今、桂子のやるべき仕事はおじいちゃんをお守りすることだと思っております。おじいちゃん、遠慮なく甘えてくださいね。たいしたことはできませんが、少しでもおじいちゃんに安らいでいただけるようお手伝いしたいと思います。

おじいちゃん、これからはお酒を飲み過ぎないで。風邪ひかないで。転ばないで。そうすれば九十五歳まではいけるよ！　おじいちゃんが死んじゃうと桂子の味方が一人減っちゃうから死んじゃダメ。死ぬときはちゃんと言ってね。

結婚当初は厳しかったお義父さまでしたが、今ではいちばんの理解者になってくださり、心より感謝しております。今では「おじいちゃーん」と呼ぶと「オ～イ」「ハ～イ」と言って、手を振ってくれる姿がとってもかわいらしく、仲よしになりましたよね。そして、いつも飯塚の両親のことを尊敬してくださり、桂子もとってもうれしく思います、ありがとうございます。

とりとめのない話で恐縮ですが、三十三回目の結婚記念日を機に、おじいちゃんに心を込めてお手紙を書かせていただきました。茂之さんともうまくやっていけるように今まで以上に努力しますし、秀明も一年後には帰ってくると思います。おじいちゃん、秀明が戻ってくるまで、絶対に死んじゃイヤだよ。お願いよ。身体に気をつけて、これからも桂子女将をよろしく支えてくださいね。

合掌

平成十五年三月三十日

嫁アンド女将

大切なおじいちゃまへ

おじいちゃんは、この手紙を読み終えた直後にお酒の飲み過ぎで倒れ、救急車で病院に運ばれました。しばらく入院しましたが、今はピンピンしています。

●共闘すれば大当たり

パピーと私には共通の趣味があるのです。

なんだと思いますか？

それはパチンコなのです。しかも一緒でないと、勝利の女神が微笑んでくれないのです。二人仲よくという神様の思し召しなのでしょうか。

あのとき、私は東京に営業に出ていました。ときどき見かけるキラキラッとした店が、以前から気になっていたのです。少し時間があまったので、思いきって入ってみることにしました。そんな場所で遊んだことのない私には、ピカピカ点滅して輝いているパチンコ台がとても楽しそうで、魅力的に見えたのです。

ところが、台についたものの、やり方がわからないのです。教えてもらいながらやってみると、どうでしょう。突然ランプが光り出し、玉がジャラジャラ出てくるではないですか。機械が壊れちゃった？と思うほど、玉は次から次に出てきて皿はすぐに一杯。あふれ出しそうなんですもの。恥ずかしいやらたまげるやら……これが、ビギナーズラックというものだったのですね。

ほんのちょっとと思って立ち寄ったのが、結局、閉店まで居座ってしまいました。パチンコ店で「蛍の光」が流れたのにも驚きました。大勝に浮かれた私は、早速パピーに電話しました。

「初めてパチンコをやったら、九万八千円も勝っちゃった」

「ドヒャー。マミーがパチンコ？　ホントかよ？」

パピーもビックリ仰天でした。

ラスベガスに行ったときも、スロットでいきなり六万円ゲット。でも、どういうわけか私たちは、二人そろわないと勝てないのです。パピーが賭けるときは私が、マミーが賭けるときはパピーが、背後霊のようにくっついて、あそこもここもと指示するのです。追加したところが、いつもピッタシカンカン大当たり！　パチンコも二人で並んでやると不思議に勝つのです。

それ以来、パチンコは二人の共通の趣味となり、私の唯一のストレス解消法になりました。パピーと一緒にできるからうれしいのです。あるときは、待ち合わせの時間までという約束でやっていたのですが、すぐに負けてしまい、しょんぼりしているところにパピーが現れたのです。

「負けちゃった……」

私は泣きべそをかいて、パチンコ店のホールの真ん中で思わずパピーの胸に抱きついてしまいました。ラスベガスにいるような気分になっちゃったのです。今思い出すとちょっと恥ずかしいですが……。でも、パピーはやさしく私を抱き寄せてくれました。

私が女将デビューしたとき、最初のご挨拶の席で、お客様からこんな言葉をいただいたのです。

「女将さんは、仕事がら精神的に疲れることが多いだろうから、この三つの言葉を贈るよ」
一、胃袋を大切に……身体に気をつけて！
二、知恵袋を大切に……アイディアで勝負！
三、堪忍袋を大切に……ストレスを上手に発散！

パチンコを始めてからは、手軽にストレスを解消できるようになりましたし、パピーとの触れ合いも増えて一石二鳥。ますますパワーアップした私です。

もちろん、ただ遊んで帰るわけじゃありません。サービスはいいか、掃除は行き届いているか、雰囲気はいいか、客の入りはどうか、何割ぐらいの人が勝っているか、コールボタンにすぐに反応してくれるかなど、いろいろチェックします。応対が悪くてイヤな思いをしたときは、うちのお客様にも同じ思いをさせてはいないか、反省材料にするのです。遊んでいても、勉強になることはいろいろあるものです。

気がついたことは、すぐに社員に伝えます。

「今日、大勝ちしたんだけど、係の人がニコニコしながら景品を換えてくれたから、よけいに気持ちよかったわ。心の中では、クソッ、やられちゃった、と思ってるでしょうにね。みんなも、どんなときでもお客様には笑顔で接することを忘れないでね」

●運は努力に道をゆずる

我がホテルには、社員教育の一環として必ず覚えさせている標語があります。
一、社長、上司の言葉は常に命令である。
一、仕事が楽しみならば人生は楽園である。仕事が義務ならば人生は地獄だ。
一、運は、努力に道をゆずる。
一、自分から話しかける。笑顔で接する。相手を気分よくさせる。
私は社員によく言うのです。

「社長はいつも同じことばかり言っていると思うかもしれないけれど、それはあなたたちができてないからなのよ。努力すれば、みんな必ずできると思うから何度も言うのよ。それに、『親の意見とナスビの花は千に一つの無駄もない』って言うでしょ。社長の言葉も同じよ。聞いていれば、必ず勉強になるからね」

地元では、「親の意見と冷や酒はあとからジワーと利いてくる」って言います。社員だけではなく、子どもたちや自分にも常に言い聞かせています。飯塚の両親の教えにどれだけ私は助けられ、支えられたかわかりませんから。

人間誰だっていいところもあるし、いいときもあったはずです。若いときはみんな美しいのです。若いというだけでね。よく言うじゃございませんか。

「番茶も出花、しょったれ鼻もひと盛り」

でも、若さはだんだん衰えていきます。それからが勝負なのです。年をとっても美しい人が、ほんとうの美人なのだと私は思います。そういう人は常に手入れを怠らず、美しさを保つ努力をしています。商売も同じで、繁盛しているところは、惜しみなく汗を流し、知恵を絞り、お金をかけ、努力を重ねております。だからこそ神様が「どうぞ、この運をお使いくださいませ」とよい方向に導いてくださるのだと、私は信じております。好況のときは誰がやってもうまくいきます。不況の今こそ、私の真価が問われるのです。これまで以上に誠心誠意、女将業に邁進する覚悟でございます。

たしか、丸紅の副社長様のお言葉だったと思いますが、ある本に書かれていた、この一節に私は深い感銘を受けました。

「ライバルとは、他の商社ではなく、目の前を大きな音を立て、ものすごい速さで通り過ぎていく時代の流れである」

おっしゃるとおりでございます。ひと昔前までは、目先のことにとらわれ、勝った負けたと騒いでおりましたが、現在の深刻な不況の中では、こんなことに一喜一憂していられません。一気にスケールが大きくなり、時代の流れとの闘いになってしまったのですから。

いち早くそれを見抜き実行しているのが、私の尊敬するすばらしき指導者、湯沢グランドホテル社長であるパピーなのです。ほめると調子に乗る人ですから、表だって言ったことはありませんけれどね。

もう一つのライバルは、自分自身です。私は社長のしごき教育の中で思ったのです。つらいからって逃げたらおしまいだと。自分との闘いだと思ってここまでがまんしてきたのだから、もう少し、もう少し、と常に自分に鞭《むち》を打ち、奮い立たせてきたのです。

社員はよくこう言います。

「湯沢グランドホテルのためにがんばろうと思います」

でも、それは違うと私は思うのです。

「そんなおこがましいことを言わないの。何より自分のためにがんばりなさい。それが、結局は湯沢グランドホテルの繁栄につながるのだからね」

どんなことでもすべて自分のためになるのです。自分との闘いに勝つか負けるかが、人生の明暗を分けるのです。私もパピーのしごきから逃げなかったおかげで幸せをつかみ、全国に通用する女将になれたのです。

パピーに言ったものです。

「別れたいと思うけど、パピーはバカじゃないから、どうして桂子に逃げられたかきっと考えるでしょ。たぶん、二度と同じ間違いはしないだろうし、そうすると、次に来た奥様はほんとうの『玉の輿《こし》』になっちゃうし。それを考えると悔しくて悔しくて。だからついついがまんしてここまで来ちゃったのよね」

パピーいわく、

「マミーって頭いい。おもしろいね。ふつう、そこまで考えるか」

ですって。

パピーは鈍感で無神経なところがありますが、訴えるとわかってくれるのです。そういえば、こんなこともあったのです。義弟夫婦が、

「いつもお世話になっているから、二人で食べてね」

と、走りのさくらんぼを持ってきてくれたのです。特上の一箱でした。冷やしてお風呂上がりにパピーと一緒に食べようと思い、冷蔵庫に入れておいたのです。ところが、いざ食べようとして冷蔵庫の扉を開けると、影も形もないじゃないですか。

「パピー、さくらんぼ知らない？」

「おれが全部食べたよ」

あっさりパピーは答えました。

「エーッ、ウソ！」

「ホントだよ」

私はキレましたね。せっかく、二人にと言ってわざわざ届けてくれたのに、勝手に平らげてしまうなんて。もちろん、さくらんぼがほしくて怒ったわけじゃないですよ。一粒でも二粒でも、マミーに残しておいてやろうという思いやりがないことに腹を立てたのです。

「さくらんぼぐらい、また買えばいいじゃないか」

「そういう問題じゃないの。気持ちの問題なの！」

それからは、毎年さくらんぼの季節が来ると、パピーは先手必勝で買ってきて、

「マミー、たくさん食べてね」

と言うのです。いつも反省はするのですね。気がつかないだけで、根は素直な人なのです。パピーは、最近よくこんなことを言います。

「おれはマミーさえそばにいてくれればそれでいい。友だちなんていらない」

でもね、もう一人だけもっと大切なお友だちがいるのです。パピーがもっとも信頼し、愛している人。そう、福沢諭吉さんなのです。

「この方がたくさん集まってくれれば最高なんだけどね」

これが目下の私たちの最大の関心事なのです。

●散る桜……残る桜も

若気の至りで、この世界に飛び込んで三十二年、無我夢中でやってまいりました。みずみずしかった私もいつの間にか、花から草へと枯れ果てて……。

「立てば薬草《やくそう》、座れば忘れ草《そう》、歩く姿は流れ草《はぐさ》」

少しずつ身体が衰え始めた昨今、薬を飲もうと取りに行き、水を持って座れば電話が入り、話をしているうちに何をしようとしていたのか忘れてしまい、思うように物事が運ばない……、こんな情景がぴったり当てはまる私になりつつあります。氷川きよしの歌じゃないけれど、

「ヤダねったら、ヤダね！」

でも、気持ちだけは百ワットの電球よりも明るい輝きを保ち、パピーとマミーは「二輪

草」を咲かせていきたいと思っております。一生懸命働いてくれる大勢の社員、温かく見守ってくださるお客様が強い味方です。

つい調子に乗って無理しがちな私でしたが、くも膜下出血を起こしてからは疲労のサインが出たらすぐに休むように心がけています。慌てず焦らず、できる限り息の長い女将人生を送りたいものです。

私の理想の女将像は、顔美人ではなく心美人。お客様の「心の華」でありたいのです。以前に永六輔さんが講演なさった折に、

「女将は襦袢《じゅばん》の衿《えり》のようであってほしい。出過ぎては困るし、出足りないのも困るし……」

とおっしゃっていましたが、まったく同感でございます。私は「女将らしくない女将」でいいのです。ホテルの中でお客様とすれ違ったときに、こんな会話を交わすことがしばしばあります。

「もしかしたら、女将さんですか？」

「はい、さようでございます」

「やっぱり。なんとなくそんな気がしました」

私はそれで十分なのです。さりげなく目配り、心配りして、皆様に気持ちよく過ごして

いただければ、それ以上の喜びはありません。

歌舞伎の中に「義経千本桜」というお題目がございますが、ここ新潟は、県木が小林幸子さんのヒット曲で知られている「雪椿」、県花が「チューリップ」。湯沢町は「桜」に縁があり、町木が「紅山桜」、町花が「秋桜《コスモス》」でございます。我が湯沢グランドホテルの花は、命ある限り咲き誇りまする女将こと「うば桜」に、お客様がちょっと足りないときに、社員が早変わりする「サクラ」でございます。

　これらの桜で、上越新幹線越後湯沢駅前にそびえたつ湯沢グランドホテルをしっかり支え、お一人でも多くのお客様にご来館いただけますよう、精進してまいります。ぜひ、ぜひ皆様お越しくださいませ。

　我がホテルにも世代交代の波が押し寄せています。絶対に避けては通れない父と息子の闘いが始まるのも時間の問題でしょう。申し訳ないけれど、このときだけは同じ「トリ」でも「こうもり」にならせてもらおうと思っています。パピーといるときはパピーの味方、息子といるときは息子の味方。これ以上の解決方法はないでしょう。がんばってね、お二人さん。

　でも、私は心から羨ましく思うのです。どんなバトルを展開したって、パピーと息子、マミーと息子、真の親子じゃないですか。遠慮なく親子ゲンカができるくらい幸せなことはありませんよね。がんばれ息子、がんばれパピー。マミーも二人に負けられないわ。がんばるぞ〜。お互いに報連相（報告、連絡、相談）はいつも取り合っていきましょうね。

年老いても気持ちだけは若く、アメリカばあちゃんでいたいですし、六十歳まではなんとかミニスカートをはきとおしたいものです。百一匹ワンちゃんの足みたいに白黒に「ブチ」ないように努力してまいりますね。そして、時間を見つけてパピーと手をつなぎながら、ゆっくりとホテルの周りを散策したいものです。三人の子どもたちとかわいい孫たちの成長を、目を細めながら見守っていきたいものです。

パピーもマミーの手紙を読んで、心から詫びてくれました。これからは、マミーの明るさと機転のよさ、パピーの本来のやさしさを大切にしてやってまいりますね。〝涙の味のラブレター〟を書いてほんとうによかったわ。

さまざまな体験ができたことは私の大きな財産です。さらに、お一人でも多くのお客様にお目にかかれ、お話のお相手ができたら、どんなにうれしいことでございましょう。寂しがり屋で甘えんぼうの私にとっては、お客様こそがいちばんの「お宝」なのでございます。

「散る桜……残る桜も……散る桜」

人間いつかは死を迎えますが、私は桜の花びらのように、はらはらとゆっくり舞い散り、パピーに心からここまでマミーを強く大きく成長させてくださり、「ありがとう」の言葉を贈りながら、パピーの腕の中で、人生の幕を静かに閉じたいのです。最近、私はつくづく思うのです。

「人生って、帳尻が合うんだね！」

合掌

平成十五年十月吉日

湯沢グランドホテル女将　村山桂子

笑顔は人生の華道《はなみち》

終わりに

数え切れないほど多くの方に巡り会い、数々のお知恵を拝借し、パワーと勇気をいただきましたことを、心より感謝申し上げます。自分の気持ちをありのままに綴ってまいりましたが、読み返してみますと恥じ入ることや反省することばかりです。

くも膜下出血で倒れて、丸三年。まだまだ、頭痛はとれませんが、心配された再発もなく、女将として再びお客様の前に立てるようになったことは、私にとっては何にも勝る喜びでございます。お客様に「また来るよ」なんて言われたときは、ほんとうに女将冥利に尽きます。湯沢グランドホテルあっての女将であり、パピーあってのマミーであることを忘れてはならないと、常に肝に銘じております。

私などよりも苦労され、波瀾万丈の人生を送られた方も多いことでしょう。私ごとき者が好き勝手なことを書いてと思われるかもしれませんが、私の人生の節目に、子どもたちや孫たちに、何か形にして残しておきたいと思ったのです。読んでくださった皆様に、私の思いの一端でも伝えることができましたら、こんなにうれしいことはございません。

とりとめのない文章で恐縮でございますが、私なりに精一杯表現いたしました。つたないところは、お会いした際にゆっくりお話しさせていただきたく存じます。私が講演しましたときにお話しさせていただいた内容も一部含まれておりますことを、お許しくださいませ。また、今回の出版にあたり、文芸社のスタッフの皆様に多大のご尽力をいただきましたこと、心より御礼申し上げます。ありがとうございました。

人間であれば、誰しも人のやさしさに包まれ、癒されたいと思うものです。そのお手伝いをさせていただくのが女将の仕事と存じ、日々精進してまいりますので、どうぞ湯沢グランドホテルの女将にご厚情をたまわりますよう、よろしくおねがい申し上げまして、ペンを置かせていただきます。

著者プロフィール

村山 桂子（むらやま けいこ）

昭和22年３月30日、新潟県生まれ。A型。

県立新潟南高校卒業後、日本体育大学短期大学体育学科入学。卒業後は中学校の体育教師を３年間勤める。

昭和45年３月30日、越後湯沢「スエヒロ館」（現・湯沢グランドホテル）の長男・村山茂之氏と結婚。一男二女あり。

テレビ土曜ワイド劇場「タクシードライバー」に出演のほか、帝国劇場「あばれ女将」では浜木綿子さんと共演。文化放送のラジオ番組では高田純次さん、みのもんたさんと生出演。

趣味はドライブ、テレビのサスペンスものの鑑賞。

「第９回 私の物語・日本自分史大賞」グランプリ受賞。

「新潟県女将の会」会長歴任。「第19回全国旅館女将の集い（女将サミット）」委員長歴任。

女将は「心の華」でありたい

2004年４月15日　初版第１刷発行
2019年７月５日　初版第８刷発行

著　者　村山 桂子
発行者　瓜谷 綱延
発行所　株式会社文芸社
〒160-0022　東京都新宿区新宿１－10－1
電話 03-5369-3060（代表）
03-5369-2299（販売）

印刷所　株式会社平河工業社

ISBN4-8355-7258-0